D1733982

MIX
Papier aus verantwortungsvollen Quellen
Paper from responsible sources
FSC® C105338

FSC
www.fsc.org

Michael Karl Gasser

Gold - der König der Geldanlage?

Physisches Gold als Anlageform
der modernen Zeit

Diplomica Verlag GmbH

Gasser, Michael Karl: Gold - der König der Geldanlage? Physisches Gold als Anlageform der modernen Zeit, Hamburg, Diplomica Verlag GmbH 2013

Buch-ISBN: 978-3-8428-9501-0
PDF-eBook-ISBN: 978-3-8428-4501-5
Druck/Herstellung: Diplomica® Verlag GmbH, Hamburg, 2013

Bibliografische Information der Deutschen Nationalbibliothek:
Die Deutsche Nationalbibliothek verzeichnet diese Publikation in der Deutschen Nationalbibliografie; detaillierte bibliografische Daten sind im Internet über http://dnb.d-nb.de abrufbar.

Das Werk einschließlich aller seiner Teile ist urheberrechtlich geschützt. Jede Verwertung außerhalb der Grenzen des Urheberrechtsgesetzes ist ohne Zustimmung des Verlages unzulässig und strafbar. Dies gilt insbesondere für Vervielfältigungen, Übersetzungen, Mikroverfilmungen und die Einspeicherung und Bearbeitung in elektronischen Systemen.

Die Wiedergabe von Gebrauchsnamen, Handelsnamen, Warenbezeichnungen usw. in diesem Werk berechtigt auch ohne besondere Kennzeichnung nicht zu der Annahme, dass solche Namen im Sinne der Warenzeichen- und Markenschutz-Gesetzgebung als frei zu betrachten wären und daher von jedermann benutzt werden dürften.

Die Informationen in diesem Werk wurden mit Sorgfalt erarbeitet. Dennoch können Fehler nicht vollständig ausgeschlossen werden und die Diplomica Verlag GmbH, die Autoren oder Übersetzer übernehmen keine juristische Verantwortung oder irgendeine Haftung für evtl. verbliebene fehlerhafte Angaben und deren Folgen.

Alle Rechte vorbehalten

© Diplomica Verlag GmbH
Hermannstal 119k, 22119 Hamburg
http://www.diplomica-verlag.de, Hamburg 2013
Printed in Germany

Widmung

Dieses Buch widme ich
meiner Frau Daniela und meinen Kindern Alina und Matthias.

Inhaltsverzeichnis

Abkürzungsverzeichnis

AUD	Australischer Dollar
CAD	Kanadischer Dollar
CBOT	Chicago Board of Trade
CHF	Schweitzer Franken
CNY	Chinesische Yuan
COMEX	New York Commodities Exchange
Fed	Federal Reserve System
g	Gramm
GBP	Britisches Pfund
kg	Kilogramm
kt	Karat (Gold)
LBMA	London Bullion Market Association
LPPM	London Platinum and Palladium Market
Mrd.	Milliarden
NYMEX	New York Mercantile Exchange
NYSE	New York Stock Exchange
OTC	Over the Counter
oz t	Troy Unze (USA)
oz tr	Troy Unze (Großbritannien)
oz	Unze
USD	United States Dollar
UStG	Umsatzsteuergesetz
usw	und so weiter
z.B.	zum Beispiel

1   Einleitung

„Messing glänzt für den Unwissenden genauso schön wie Gold für den Gold-
schmied" [1]

Elizabeth I. von England (1533-1603)

1.1 Motivation

Aufgrund meiner beruflichen Tätigkeit als Investment Manager und Vermögensberater kam ich schon vor vielen Jahren mit dem Thema Edelmetalle als Anlageform
in Berührung. Im Laufe der Zeit habe ich mir immer mehr Wissen angeeignet und
zu diesem Thema auch im Zuge meiner Ausbildungsleitertätigkeit am WIFI (Wirtschaftsförderungsinstitut) und auf der Wirtschaftskammer Vorträge gehalten.

1.2 Problemstellung und Zielsetzung dieser Untersuchung

Ist physisches Gold eine geeignete Anlageform der modernen Zeit? Dieser Fragestellung möchte ich mich in dieser Untersuchung widmen.

Neben den Eigenschaften, der weltweiten Goldmenge und dem Vorkommen von
Gold, betrachte ich im ersten Schritt dieser Untersuchung die weltweite Förder-
menge, das Angebot und die Nachfrage von Gold am Goldmarkt.

Als nächsten Schritt untersuche ich den Zusammenhang von Gold und Geld. Im
Speziellen geht es um die Themen, der „Stock-to-Flow"-Rate von Gold, Gold und
der Goldstandard, der Zinseszins und der Schatten Gold Preis im Vergleich zur
Geldmenge, Gold im Verhältnis zu Aktien und Erdöl, Gold und der Zusammen-

---

[1] Wolfgang Piersig: Historische Betrachtungen zum "König der Metalle" - dem Gold. Beitrag zur Technikgeschichte (14), Wissenschaftliche Studie, München: GRIN Verlag 2010, S. 2

hang von Inflation und Deflation, Gold und die Korrelation zu anderen Assetklassen und Gold aus charttechnischer Sicht.

Als weiteren Schritt beleuchte ich die Fragestellungen: Wieso Gold keine Blase
ist? Wird der Goldpreis manipuliert? Ist Gold wirklich eine stabilisierende Portfolio-
komponente?

Als letzten Schritt dieser Untersuchung zeige ich verschiedene Beispiele der direkten Geldanlage in physischem Gold und untersuche die Motive und die Herkunft
des Goldbesitzes der Privatpersonen in Deutschland.

1.3 Abgrenzung dieser Untersuchung

An dieser Stelle möchte ich das Thema dieser Untersuchung auch etwas abgren-
zen. Neben der Geldanlage in physischem Gold gibt es noch weitere Anlageformen von Gold.

Die Bereiche der unzähligen goldbezogenen Wertpapiere, Aktien in Form von
Goldminen und Goldanlage in Form von Schmuck werden in dieser Untersuchung
aus Gründen des Umfanges nicht bearbeitet.

Weiters gibt es neben Gold auch noch andere Metalle (Silber, Platin, Palladium,
seltene Erden, usw.), die sich zur Geldanlage eignen, auch diese kann ich in
dieser Untersuchung auf Grund des Umfanges nicht bearbeiten. Vor allem Silber
ist neben Gold eine sehr interessante Anlageform und sollte in keinem Portfolio
fehlen.

2   Physisches Gold als Anlageform der modernen Zeit

"Ohne Gold-Standard ist es nicht möglich, Ersparnisse vor der Konfiszierung durch Inflation zu schützen. Es gibt dann kein sicheres Medium der Wertaufbewahrung. Wenn es ein solches gäbe, dann müsste die Regierung seinen Besitz verbieten, so wie es bei Gold auch geschah."[2]

Alan Greenspan
(Vorsitzender der amerikanischen Zentralbank von 1987 bis 2006)

2.1 Eigenschaften von Gold

„Den „König der Metalle" - das Gold – nannten die alten Ägypter „Nub" (Nubien), die Griechen „Chrysos", die Römer „aurum". Sein deutscher Name geht zurück auf die vorgermanische Wurzel „ghel" gleichzusetzen mit gelb. Im Englischen wird es jetzt mit „gold", im Französischen mit „or" sowie im Italienischen und Spanischen mit „oro" im Wortschatz geführt."[3]

Gold, lateinisch „aurum", chemisches Symbol „Au", ist ein weiches, goldgelbes Metall mit einer Dichte von 19,32 g/cm3, einer Zugfestigkeit von 131 N/mm2 und einem Schmelzpunkt von 1.064,43 °C. Im Periodensystem steht es in der ersten Nebengruppe mit der Ordnungszahl 79. Gold ist gegenüber die meisten Chemikalien sehr beständig, nur mit Chlor, Cyaniden, Quecksilber, Selensäure, einigen Huminsäuren und Königswasser (Gemisch aus Salz- und Salpetersäure) kann Gold aufgelöst werden. Gold gehört neben Silber und Kupfer zu den drei besten Leitern von Wärme und elektrischem Strom. Durch die geringe Härte (2,5 bis 3 der Mohs'schen Härteskala) ist eine Bearbeitung leicht möglich. Mit Hilfe von Legierungen (Beimischung anderer Metalle) können die Eigenschaften von Gold (die

---

[2] Roland Leuschel/Claus Vogt: Das Greenspan-Dossier. Alan und seine Jünger: Die Bilanz einer Ära ; Wie die US-Notenbank das Weltwährungssystem gefährdet oder: Inflation um jeden Preis, München: FinanzBuch-Verl 2006, S. 393

[3] Wolfgang Piersig: Die sieben Metalle der Antike: Gold, Silber, Kupfer, Zinn, Blei, Eisen, Quecksilber. Beiträge zur Technikgeschichte (5), München: GRIN Verlag 2010, S. 5

Farbe, die Härte, der Schmelzpunkt, die Dichte und die Zugfestigkeit) verändert werden." [4]

Gold ist eines der dehnbarsten Metalle. Durch hämmern, kann man Gold zu einem Goldblatt von 1/10.000 mm Stärke verarbeiten. Weiters kann eine Unze Gold (31,103 Gramm) ohne zu reißen zu einem Faden von 56 Kilometer Länge gezogen werden. [5]

Gold hat im Gegensatz zu vielen anderen Sachwerten besondere Eigenschaften.

- *„beliebig teilbar*
- *beliebig zusammenführbar*
- *gleichartig*
- *dauerhaft*
- *optisch schön*
- *transportierbar*
- *ein Luxusgegenstand*
- *nicht herstellbar*
- *nicht beliebig vermehrbar*
- *relativ selten*
- *besitzt einen inneren Wert*
- *pro Einheit hochwertig*
- *weltweit bekannt*
- *weltweit akzeptiert / anerkannt*
- *problemlos beleihbar"* [6]

---

[4] Vgl. Frank Hoffmann: Basiswissen - Gold - GoldSeiten.de 2012, http://goldseiten.de/wissen/info-gold.php vom 27.10.2012

[5] ebd.

[6] Frank Hoffmann: Der Goldstandard - GoldSeiten.de 2012, http://goldseiten.de/wissen/goldstandard/index.php vom 26.10.2012

- *„hohe sakrale Bedeutung in nahezu allen Religionen*
- *im Vergleich zu anderen Edelmetallen geringste Volatilität*
- *hat sich außerordentlich bewährt für die praktische Kaufkraftssicherung*
- *im Anlagebereich zumeist mehrwertsteuerfrei*
- *gilt heute noch als Geld"* [7]

Vergleicht man Gold mit Weizen, so bemerkt man, dass Weizen nur in einer Hungersnot ein Luxusgut ist. Weizen kann leicht verderben und ist somit nicht beständig und werterhaltend wie Gold. Diamanten sind zwar auch dauerhaft, wertbeständig und schön, aber nicht beliebig teilbar und auch nicht gleichartig. Gold kann man beliebig teilen, einschmelzen und wieder zusammen führen. Weiters ist Gold begrenzt vorhanden und seit Jahrhunderten weltweit bekannt.[8]

2.2 Weltweite Goldmenge

Laut Schätzungen beträgt die weltweit geförderte Goldmenge knapp 163.000 Tonnen. Würde man all dieses Gold einschmelzen und daraus einen Würfel gießen, hätte dieser einer Kantenlänge von 20 Metern. Von diesen 163.000 Tonnen wurden mehr als die Hälfte zu Schmuck verarbeitet oder von der Industrie verwendet. Die restliche Menge wird von institutionellen Investoren, Zentralbanken und privaten Personen in Form von Münzen und Barren zu Anlagezwecken gehalten.[9]

---

[7] David Reymann: Edelmetallhandbuch. Ihre praktische Vermögensanlage in Goldbarren, Silbermünzen und Platinmetallen, München: FinanzBuch-Verl. 2011, S. 28

[8] Vgl. Frank Hoffmann: Der Goldstandard - GoldSeiten.de 2012, http://goldseiten.de/wissen/goldstandard/index.php vom 26.10.2012

[9] Jens Kleine/Matthias Krautbauer: „Goldbesitz der Privatpersonen in Deutschland". Finanzstudie: Analyse des Goldbesitzes und des Anlageverhaltens von Privatpersonen in Deutschland. Steinbeis Research Center for Financial Services, STEINBEIS-HOCHSCHULE BERLIN, München 2010, http://www.steinbeis-research.de/pdf/20101102_Goldstudie_RFS-Steinbeis_Kurzfassung.pdf vom 28.10.2012

2.3 Vorkommen von Gold

Gold ist im Verhältnis zu anderen edlen Metallen in relativ großen Mengen auf unserer Erde vorhanden, ob in der Erdkruste oder sogar im Meerwasser.

2.3.1 Gold in der Erdkruste

0,005 Gramm pro Tonne ist das durchschnittliche Vorkommen in der Erdkruste. Würden wir in der gesamten Erdkruste Gold abbauen, könnten wir Schätzungen zu folge bis zu 30 Milliarden Tonnen Gold fördern. Die Konzentration von Gold in der Erdkruste ist aber teilweise so gering, dass sich eine Förderung nie lohnen würde.[10]

Weltweit konnte Gold an bis zu 19.500 Fundorten der Erde nachgewiesen werden.[11] Gold kommt auf der Erde als Gold Erz (goldhaltiges Gestein) und als gediegenes Metall vor. Etwa 40% des durch Bergbau geförderten Goldes kommen aus Südafrika, den USA, Australien und Russland.[12] Goldbergwerke reichen bis in eine Tiefe von 4.000 Meter. Mit steigendem Goldpreis wird die Förderung in immer tiefere Schichten der Erde rentabel. Zurzeit führen Bergbauunternehmen in Südafrika Planungen an Schächten bis in eine Tiefe von 5.000 Meter durch.[13]

Durch den Einsatz von effizienteren Technologien in der Gewinnung und dem gestiegenen Goldpreis, lohnt sich für Bergbauunternehmen je nach Abbaumethode inzwischen sogar der Abbau von Gestein, das nur 0,5 Gramm Gold pro Tonne

---

[10] Vgl. Frank Hoffmann: Der Goldstandard - GoldSeiten.de 2012,
http://goldseiten.de/wissen/goldstandard/index.php vom 26.10.2012

[11] Vgl. mindat.org: Gold mineral information and data. 2012,
http://www.mindat.org/show.php?id=1720&ld=1#themap vom 30.10.2012

[12] Vgl. Wikipedia (Hg.): Gold - Vorkommen 2012, http://de.wikipedia.org/w/index.php?oldid=109892735 vom 30.10.2012

[13] Vgl. Frank Hoffmann: Goldsuche extrem: Südafrikaner wollen 5.000 Meter runter | Goldreporter 2012,
http://www.goldreporter.de/goldsuche-extrem-sudafrikaner-wollen-auf-5-000-meter-runter/gold/6101/ vom 30.10.2012

Gestein enthält. Der mittlere Goldgehalt je Tonne Gold im Tagebau liegt bei etwa 1 bis 5 Gramm. Tiefe Minen oder schwer zugängliche Bergbaugebiete sind meist nur ab 30 Gramm Gold je Tonne Gestein wirtschaftlich rentabel. Gold ist überhaupt erst ab 30 Gramm je Tonne Gestein mit freiem Auge zu sehen.[14] [15]

Für Kleinbergbau in Österreich müssten bei einem Goldpreis von derzeit 1.300,- Euro pro Feinunze (2012) mindestens 9 Gramm Gold je Tonne Gestein vorhanden sein um eine Gewinnung rentabel durchführen zu können.[16] Je höher der Goldpreis steigt, desto gewinnbringender kann gearbeitet werden bzw. desto weniger Gramm Gold pro Tonne kann im Gestein vorhanden sein. Mit steigenden Goldpreisen könnten sich unrentable Goldminen die seit Jahren geschlossen sind wieder wirtschaftlich rechnen.

2.3.2 Gold im Meerwasser

Anfang des zwanzigsten Jahrhunderts beschäftigten sich einige namhafte Wissenschaftler mit der Goldgewinnung aus dem Meerwasser. Der deutsche Chemiker und Nobelpreisträger Fritz Haber (1868-1934) war, wie viele Experten seiner Zeit, davon überzeugt, dass in jeder Tonne Meerwasser bis zu zehn Milligramm Gold schwimmen. Ein weiterer Nobelpreisträger namens Svante Arrhenius hatte 1903 einen Gehalt von sechs Milligramm Gold pro Tonne Meerwasser ermittelt. Auch William Ramsay ein englischer Chemie-Nobelpreisträger war zu ähnlichen Ergebnissen gekommen. Jedoch konnten bis heute keine Verfahren zur rentablen

---

[14] Vgl. Wayne Copeland: Gold | Wirtschaftsfacts 2012, http://www.wirtschaftsfacts.de/edelmetalle/gold/ vom 30.10.2012

[15] Vgl. Klaus Joseph: Goldvorkommen, Goldmineninfos.de 2011, http://www.goldmineninfos.de/vorkommen.html vom 30.10.2012

[16] Vgl. Felix Hruschka: Grundsätzliche wirtschaftliche Überlegungen zu Kleinbergbau in Österreich.doc von Dipl.-Ing. Dr.mont. Felix Hruschka, tbb.hru - Technisches Büro für Bergwesen, Leoben 2012

Goldgewinnung aus dem Meerwasser entwickelt werden. Mittlerweile wurde auch der tatsächliche Gehalt an Gold im Meerwasser weit nach unten revidiert.[17]

„Das Meerwasser enthält 0.001 bis 0.01 mg Gold je Kubikmeter, so dass der Goldgehalt aller Weltmeere (1370 Millionen Kubikkilometer) zusammengenommen mehrere Millionen Tonnen beträgt; allein eine Isolierung aus dem Meerwasser ist aber mit den bisher zur Verfügung stehenden Methoden wegen der großen Verdünnung praktisch unrentabel." [18]

2.3.3 Weltweite Fördermenge

„Im Jahr 2011 betrug die weltweite Goldförderung 2.700 Tonnen (2010 = 2.560 Tonnen). Das entspricht gegenüber 2010 einem Anstieg um 5,5 Prozent. Die bedeutendsten Goldfördernationen waren die Volksrepublik China (355 Tonnen), Australien (270 Tonnen), die USA (237 Tonnen), Russland (200 Tonnen) und Südafrika (190 Tonnen), deren Anteil an der Weltförderung 46,4 Prozent betrug.
Die förderfähigen Reserven wurden vom United States Geological Survey (USGS) im Jahr 2011 auf weltweit 51.000 Tonnen geschätzt. Davon entfielen 7.400 Tonnen auf Australien, 6.000 Tonnen auf Südafrika und 5.000 Tonnen auf Russland. Alle drei Staaten hatten zusammen einen Anteil von 36,1 Prozent an den Weltreserven. Bei gleich bleibender Förderung könnte noch für etwa 19 Jahre Gold gewonnen werden." [19]

---

[17] Vgl. Peter Huber: Leere Staatskassen? Gold aus Meerwasser! « DiePresse.com 2012, http://diepresse.com/home/wirtschaft/hobbyoekonom/1268393/Leere-Staatskassen-Gold-aus-Meerwasser vom 30.10.2012

[18] Vgl. Egon Wiberg/Nils Wiberg: Lehrbuch der anorganischen Chemie, Berlin: Walter de Gruyter 1995, S. 1352

[19] Wikipedia (Hg.): Gold/Tabellen und Grafiken 2012, http://de.wikipedia.org/w/index.php?oldid=108188181 vom 30.10.2012

2.4 Gold versus Geld

Im Standardwerk für Volkswirtschaftslehre wird Geld als allgemein anerkanntes Tausch- und Zahlungsmittel definiert.[20] Geld ist alles was die Funktionen als Tauschmittel, Recheneinheit und Wertaufbewahrungsmittel erfüllt.[21]

Ronald-Peter Stöferle von der Erste Group Research definiert die zentralen Anforderungen an Geld folgend:

- *„Es muss leicht in standardisierte Einheiten teilbar sein*
- *Es muss fungibel sein*
- *Es muss leicht transportierbar sein*
- *Es muss haltbar und praktisch unzerstörbar sein*
- *Es muss eine lange Historie von universeller Akzeptanz aufweisen*
- *Es muss leicht erkennbar sein und bekannte Standards erfüllen, die leicht zu überprüfen sind*
- *Es muss einen hohen Wert im Vergleich zu Gewicht und Volumen haben*
- *Der Bestand muss im Verhältnis zum jährlichen Zuwachs groß sein (hohe stock-to-flow-Ratio)*
- *Es muss geringe Lagerkosten verursachen*
- *Es muss niedrige Transaktionskosten aufweisen*
- *Es darf keinen abnehmenden Grenznutzen aufweisen*
- *Es darf nicht beliebig vermehrbar sein"* [22]

„Es gibt zahlreiche Güter, die einige dieser Kriterien erfüllen. Jedoch nur Gold und Silber erfüllen alle Kriterien. Deshalb stellten sich die beiden Edelmetalle im Laufe der Jahrhunderte als marktgängigste Güter heraus. Deshalb setzten sie sich rund

---

[20] Vgl. Paul A. Samuelson/William D. Nordhaus: Volkswirtschaftslehre. Das internationale Standardwerk der Makro- und Mikroökonomie, München: mi 2010, S. 684

[21] ebd., S. 688

[22] Ronald-Peter Stoeferle: Goldreport 2012 – In GOLD we TRUST. Erste Group Research 2012, https://produkte.erstegroup.com/CorporateClients/de/ResearchCenter/Commodities/index.phtml, S. 31

um den Globus und in unterschiedlichsten Kulturen, Religionen und sozialen Schichten, als ultimatives Geld durch." [23]

In seinem Buch „Human action: A Treatise on Economics" schrieb Ludwig von Mises folgendes über Geld:

"Money is a medium of exchange. It is the most marketable good which people acquire because they want to offer it in later acts of interpersonal exchange. Money is the thing which serves as the generally accepted and commonly used medium of exchange. This is its only function. All other functions which people ascribe to money are merely particular aspects of its primary and sole function, that of a medium of exchange" [24]

2.4.1 „Stock-to-Flow"-Rate von Gold

Eine sehr wichtige Eigenschaft von Gold ist die hohe Stock-to-flow Rate. Diese Rate gibt das Verhältnis zwischen der weltweit jährlichen Goldproduktion (flow) zur vorhandenen weltweiten Goldmenge (stock) an. Die folgende Abbildung zeigt wie viele Jahre Gold gefördert werden müsste um auf die jetzige weltweite Menge an Gold zu kommen. Mit einem Wert von 65 ist Gold im Verhältnis zu anderen Rohstoffen Spitzenreiter. Gold ist deshalb so wertvoll, weil die jährliche Produktion im Verhältnis zur im Umlauf befindlichen Menge an Gold so gering ist.[25]

---

[23] Ronald-Peter Stoeferle: Goldreport 2012 – In GOLD we TRUST. Erste Group Research 2012, https://produkte.erstegroup.com/CorporateClients/de/ResearchCenter/Commodities/index.phtml, S. 31

[24] Ludwig von Mises: Human action. A treatise on economics, Auburn, Alabama: Ludwig Von Mises Institute 1998, S. 398

[25] Vgl. Ronald-Peter Stoeferle: Spezial Report Gold - "In GOLD we TRUST", International Equity Gold, 2011. Erste Group Research 2011, https://produkte.erstegroup.com/CorporateClients/de/ResearchCenter/Commodities/index.phtml, S. 24–25

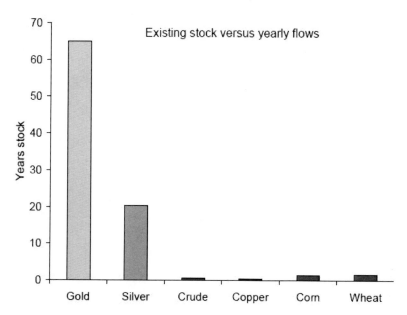

Abbildung 1: Stock to Flow Ratio von Gold im Vergleich zu anderen Rohstoffen [26]

2.4.2 Gold und der Goldstandard

Mit dem Goldstandard ist ein Währungssystem gemeint, welches zu einem bestimmten Prozentsatz mit Gold gedeckt ist. Damit wird gesichert, dass im Verhältnis zur Geldmenge im prozentuellen Verhältnis Gold hinterlegt war.

„1815 wurde in England ein Goldstandard eingeführt, im Laufe der nächsten De-kaden folgten 50 weitere Nationen. Die Phase zwischen 1880 und 1914 wird oft als sprichwörtliche „Goldene Ära" bezeichnet. Die Zeit des klassischen Goldstan-dards war geprägt von stetem Wirtschaftswachstum, freiem Kapitalfluss über die Landesgrenzen hinweg, weitgehendem Weltfrieden, politischer und wirtschaftli-cher Demokratie, sowie kultureller bzw. gesellschaftlicher Fortschrittlichkeit. Der

---

[26] Ronald-Peter Stoeferle: Spezial Report Gold - "In GOLD we TRUST", International Equity Gold, 2011. Erste Group Research 2011,

https://produkte.erstegroup.com/CorporateClients/de/ResearchCenter/Commodities/index.phtml, S. 25

Lebensstandard der Arbeiterklasse stieg dramatisch an, Sklaverei und Leibeigenschaft wurden beendet. Gold und Freiheit sind unzertrennbar miteinander verbunden. 1914 verließ die Welt schließlich den Goldstandard, die europäischen Regierungen konnten es sich nicht leisten, einen Weltkrieg unter den Beschränkungen des Goldstandards zu führen. Ein Goldstandard dient auch als Regulativ für den Staatshaushalt, er erzwingt de facto

ausgeglichene Budgets. Dies dürfte auch der Grund sein, wieso er seitens der Politik so verhasst ist. Zudem ist ein Goldstandard von den unterschiedlichen wirtschaftspolitischen Ansichten der Regierungen unabhängig. Dass Gold Freiheit bedeutet, unterstreicht auch die Tatsache, dass sowohl Lenin, als auch Mussolini und Hitler zu Beginn ihrer Diktaturen den privaten Goldbesitz verboten." [27]

Nach dem zweiten Weltkrieg gab es noch einen Versuch einen Goldstandard einzuführen. Unter der Führung der USA wurde das sogenannte "Bretton-Woods-System" eingeführt. Es entstand ein Gold-Devisen-Standard. Ein grundsätzlich fester, aber in Ausnahmesituationen anpassbarer Wechselkurse mit einer Deckung durch Gold- und Devisenreserven der Zentralbanken. Als Reservewährungen galten nur der US-Dollar und das englische Pfund. Bis 1971 der damalige US-Präsident Richard Nixon die Eintauschbarkeit von Dollars in Gold stoppte. Die endgültige Demonetisierung des Goldes hatte begonnen. [28]

2.4.3 Zinseszins und Geldmenge

Unser jetziges Geldsystem ist so aufgebaut, dass es nur in Verbindung mit einem Zinssystem funktioniert. Geldbesitzer die Geld übrig haben, verleihen dieses und erhalten dafür Zinsen. Der Zins sorgt dafür, dass das Geld wieder in den Umlauf kommt. Dieser Zins muss aber in der laufenden Produktion erwirtschaftet werden,

---

[27] Ronald-Peter Stoeferle: Spezial Report Gold, International Equities Gold, 2010. Erste Group Research 2010, https://produkte.erstegroup.com/CorporateClients/de/ResearchCenter/Commodities/index.phtml, S. 28–29

[28] Vgl. Frank Hoffmann: Der Goldstandard - Nach dem 2. WK - GoldSeiten.de 2012, http://www.goldseiten.de/wissen/goldstandard/geschichte/nachWK2.php vom 03.11.2012

d.h. der Zins setzt die Wirtschaft unter einen permanenten Wachstumsdruck. Das wirkliche Problem ist aber der im Laufe der Zeit exponentielle Anstieg des Zinses durch den Zinseszins. Die Wirtschaft kommt mit der realen Produktion über Jahrzehnte, einem exponentiellen Wachstum der Geldmenge nicht nach. Die Geldmenge und Schulden steigen, ökonomische Krisen sind die Folge. Bis das Geldsystem nach einem Totalzusammenbruch wieder von vorne beginnt.[29] [30] Sogenannte Währungsreformen sind in unserer Geschichte kein unbekanntes Ereignis. Prof. Ramb rechnet im Jahr 2017 mit einer 50% Wahrscheinlichkeit und 2030 sogar mit einer 98% Wahrscheinlichkeit, dass der Staat über diese Form eine Entschuldung durchführt, oder durchführen muss.[31]

Statt dem Zins müsste ein anderer Anreiz geschaffen werden, der das Geld im Umlauf hält. Der Finanztheoretiker Johann Silvio Gesell (1862-1930)[32] hatte schon vor fast 100 Jahren so ein Modell entwickelt. Seine Theorien fanden aber bis heute noch keine Beachtung.[33] [34]

"The greatest shortcoming of the human race is our inability to understand the exponential function" Albert Bartlett, Physiker [35]
„Anyone who believes exponential growth can go on forever in a finite world is either a madman or an economist." Kenneth E. Boulding, Ökonom [36]

---

[29] Vgl. Bernd Senf: Der Tanz um den Gewinn. Von der Besinnungslosigkeit zur Besinnung der Ökonomie ein AufklArungsbuch, Lütjenburg: Verl. für Sozialökonomie 2004, S. 39–42

[30] Vgl. Bernd Senf: Der Nebel um das Geld. Zinsproblematik, Währungssysteme, Wirtschaftskrisen ein Aufklärungsbuch, Kiel: Verl. für Sozialökonomie 2009, S. 42–120

[31] Vgl. Bernd-Thomas Ramb: Der Zusammenbruch unserer Währung. Warum die Staatsverschuldung dazu führt und wie man sich darauf vorbereitet, Hamburg: WPR Wirtschafts- und Verbands-PR 2011, S. 111–119

[32] Vgl. Vera Linß: Die wichtigsten Wirtschaftsdenker, Wiesbaden: Marix-Verl. 2007, S. 135

[33] Vgl. Bernd Senf: Der Nebel um das Geld. Zinsproblematik, Währungssysteme, Wirtschaftskrisen ein Aufklärungsbuch, Kiel: Verl. für Sozialökonomie 2009, S. 34

[34] Vgl. Bernd Senf: Die blinden Flecken der Ökonomie. Wirtschaftstheorien in der Krise ; ein Aufklarungsbuch, Kiel: Verl. für Sozialökonomie 2007, S. 151–197

[35] Albert A. Bartlett/Robert G. Fuller: The essential exponential! For the future of our planet, Lincoln, NE: University of Nebraska 2004

[36] Wikipedia (Hg.): Kenneth Ewart Boulding 2012, http://de.wikipedia.org/wiki/Kenneth_E._Boulding vom 03.11.2012

2.4.4 Schatten Gold Preis und Geldmenge

Von der Firma QB Asset Management wird der sogenannte Schatten Gold Preis (Shadow Gold Price) berechnet. Dieser theoretische Preis gibt an, wie viel USD eine Unze Gold kosten würde, wenn die komplette Basis-Geldmenge mit Gold gedeckt wäre. Wenn man nach dem Federal Reserve Act aus 1914 von einer Golddeckung von 40% ausgeht, ist dieser Schatten Gold Preis kein Gedankenspiel, da noch vor Jahrzehnten unsere Währungen mit Gold gedeckt waren. Aufgrund der Geldmengenerhöhung lag der Schatten Gold Preis schon 2011 bei USD 10.000,- je Unze. [37]

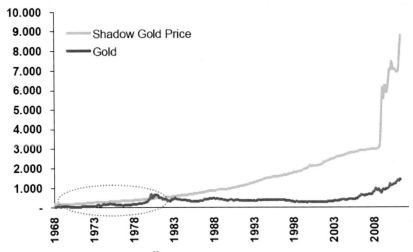

Abbildung 2: Schatten Gold Preis [38]

Würde man nur den kompletten US Schuldenstand (2011) mit 40% Gold decken, würde die Unze USD 22.800,- kosten. [39] Aufgrund der immer höheren Staatsschu-

---

[37] Vgl. Ronald-Peter Stoeferle: Spezial Report Gold - "In GOLD we TRUST", International Equity Gold, 2011. Erste Group Research 2011, https://produkte.erstegroup.com/CorporateClients/de/ResearchCenter/Commodities/index.phtml, S. 30–31

[38] ebd., S. 30

[39] ebd., S. 32

len und der damit ansteigenden Geldmenge ist Gold extrem unterbewertet und hat noch viel Potential nach oben.

Die nachfolgende Abbildung zeigt die Entwicklung des US Schuldenlimits. Im Jahre 1971 wurde die Golddeckung aufgegeben und seither steigt die Verschuldung exponentiell an.

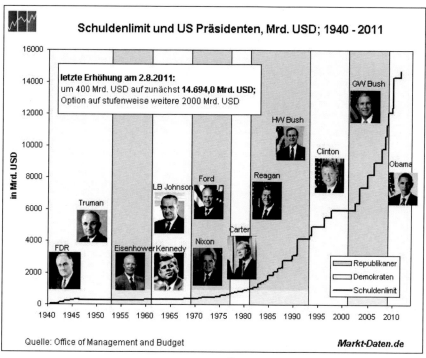

Abbildung 3: Entwicklung des US Schuldenlimits [40]

[40] Cordula Sauerland [Markt-Daten.de]: Markt-Daten.de: Themen - US Staatsverschuldung - Schuldenlimit 2012, http://www.markt-daten.de/research/themen/schuldenlimit.htm vom 03.11.2012

2.4.5 Gold im Verhältnis zu Aktien und Erdöl

Die folgende Abbildung zeigt den Dow Jones Index im Verhältnis zu Gold. Seit dem Jahre 1900 gab es drei Phasen in den eine Unze Gold ca. gleich viel wert war als der Dow Jones Index. Folgt man dem Chart steuert Gold wieder in diese Richtung.

Stöferle von der Erste Group Research beschreibt dies so: *„Mit einem Wert von 7,8x liegt das Verhältnis derzeit über dem langfristigen Median von 5,8x. Das bedeutet, dass Gold in Relation zum Dow Jones aktuell nach wie vor relativ günstig bewertet ist, wobei es sich aber auch nicht mehr die Bezeichnung „dirt cheap" verdient. Bullenmärkte enden jedoch in der Euphorie und im Exzess, insofern gehen wir davon aus, dass noch deutlich niedrigere Werte erreicht werden. Im Jahre 1932 lag das Verhältnis bei 2x, am Ende des letzten Bullenmarktes 1980 lag das Verhältnis bei 1,3x. Wir gehen davon aus, dass im Zuge des säkularen Bullenmarktes wieder Werte von mindestens 2x erreicht werden könnten. Bei einem konstanten Dow müsste Gold also auf USD 6.200 steigen."* [41]

---

[41] Ronald-Peter Stoeferle: Goldreport 2012 – In GOLD we TRUST. Erste Group Research 2012, https://produkte.erstegroup.com/CorporateClients/de/ResearchCenter/Commodities/index.phtml, S. 112

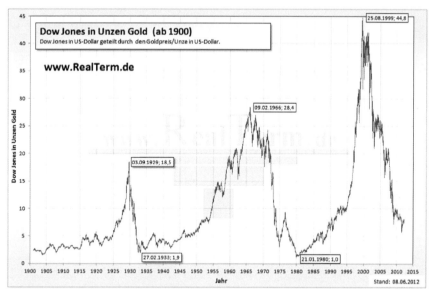

Abbildung 4: Dow Jones in Unzen Gold [42]

Die folgende Abbildung zeigt Öl im Verhältnis zu Gold und Öl im Verhältnis zum USD. Der Chart zeigt eindrucksvoll wie sich nach dem Jahre 1971 als die Golddeckung aufgegeben wurde die Inflation (Geldmenge) erhöht hat.

Auf der Seite RealTerm.de wird es folgend beschrieben: *„Der in US-Dollar steigende Ölpreis ist eine Folge der unverantwortlichen Geldmengenausweitung der amerikanischen Zentralbank, ist also eine Folge der Inflation und gerade nicht deren Ursache. Misst man den Ölpreis in einer harten Währung, die sich nicht beliebig vermehren lässt, in realen Werten also, wie z.B. Gold, dann zeigt sich dem verblüffenden Betrachter, dass der Ölpreis im Vergleich praktisch nicht angestiegen ist. Zusammengefasst ist also nicht der Ölpreis gestiegen, sondern der Wert des Dollars gefallen, ein entscheidender Unterschied.“* [43]

---

[42] Ellen R. König: Dow in Gold - Realterm.de - Wahre Werte 2010, http://www.realterm.de/DOWinGold.php vom 03.11.2012

[43] Ellen R. König: Öl in USD und Gold - Realterm - Wahre Werte 2010, http://www.realterm.de/oil_lin.php vom 03.11.2012

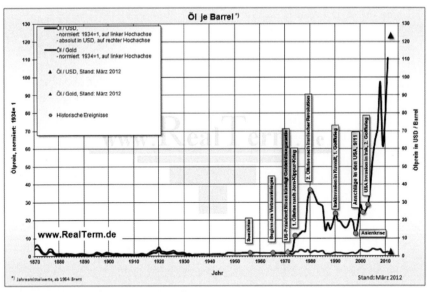

Abbildung 5: Öl in USD und Öl in Gold [44]

2.4.6 Gold vs. Inflation und Deflation

Ob wir zukünftig eher eine Inflation oder eine Deflation bekommen werden, oder ob sich beide Zustände in kurzen Zeitabständen abwechseln werden, darüber sind sich auch die Experten noch nicht einig.

Sachwerte sind die bevorzugte Anlageklasse für inflationäre Zeiten. Gold ist die Sachwertanlage schlechthin (liquide, teilbar, unzerstörbar, werthaltig, transportierbar, usw.). In deflationären Zeiten ist die bevorzugte Anlageklasse Cash. Für Gold gibt es einen weltweiten Markt und auch kein Ausfallsrisiko, damit ist Gold auch Cash erster Güte. Daher ist Gold die optimale Assetklasse in Deflation und in

---

[44] König, Ellen R.: Öl in USD und Gold - Realterm - Wahre Werte 2010, http://www.realterm.de/oil_lin.php vom 03.11.2012.

Inflation. Liquidität in der Deflation und Substanz in der Inflation. Nur Gold erfüllt beide Kriterien.[45]

2.4.7 Gold zahlt keine Zinsen

Das Gold keine Zinsen zahlt wird von einigen Investoren als Argument verwendet um diese Assetklasse zu meiden. Mit Gold kann man zwar nicht an Zinsen verdienen, jedoch wird das durch den Wert- und Kaufkrafterhalt bzw. die Preissteigerung deutlich überkompensiert. Seit Gründung der Federal Reserve (1913) verlor der Dollar mehr als 95% seiner Kaufkraft, Gold ist im gleichen Zeitraum um den Faktor 50 gestiegen. Seit Ende des Bretton-Woods-Systems (Golddeckung) im Jahre 1971 ging es mit dem Dollar rapide bergab, die US-Währung verlor in den letzten 30 Jahren 80% an Kaufkraft. Um heute den gleichen Warenkorb zu erhalten, den man 1980 um 1 Unze Gold bekommen hätte, müsste man heute ca. 2.000 USD bezahlen. Gold zahlt zwar keine Zinsen, jedoch wird mit dem gelben Edelmetall die Kaufkraft erhalten.[46]

Prof. Bocker schreibt zum Thema Gold zahlt keine Zinsen: *„Gold gleicht diese Verluste durch seine Werterhaltung und Wertsteigerung viele Male aus. Die Zinslosigkeit ist ja gerade eine der besonderen Eigenschaften des Goldes, denn sonst wäre diese Anlageklasse längst auf den Einkommenssteuererklärungen aufgetaucht und Goldeigner müssten entweder lügen oder die Anonymität aufgeben und zahlen. Gold generiert kein direktes Einkommen, welches steuerlich zu erfassen wäre. Die besondere Stärke besteht in der Erhaltung des Kapitals."* [47]

---

[45] Vgl. Stoeferle, Ronald-Peter: Spezial Report Gold, International Equities Gold, 2010. Erste Group Research 2010, https://produkte.erstegroup.com/CorporateClients/de/ResearchCenter/Commodities/index.phtml, S. 12

[46] Vgl. Ronald-Peter Stoeferle: Spezial Report Gold, International Research - In Gold we trust, 2009. Erste Group Research 2009, https://produkte.erstegroup.com/CorporateClients/de/ResearchCenter/Commodities/index.phtml, S. 8

[47] Hans J. Bocker: Freiheit durch Gold. Sklavenaufstand im Weltreich der Papiergeldkönige, Bern: Müller 2009, S. 23

Dass Gold eine gute Absicherung gegen Inflation darstellt, sieht man auch an anderen Beispielen mit viel längeren Betrachtungszeiträumen. Laut einer Stelle im Alten Testament, konnte man zur Zeit von Nebukadnezar, der im sechsten Jahrhundert vor Christus in Babylonien regierte, für eine Unze Gold 350 Laib Brot kaufen. Ziemlich den gleichen Gegenwert erhält man 2600 Jahre später auch noch. Ein weiterer Vergleich besagt, dass man mit einer Unze Gold genauso im 18. Jahrhundert wie 1930 oder heute einen maßgeschneiderten Herrenanzug kaufen kann.[48]

2.5 Der Goldmarkt – Angebot und Nachfrage

Das über Minenproduktion jährlich geförderte Gold reicht nicht aus um die physische Nachfrage nach Gold zu decken. Wiederaufbereitung von Altgold und Verkäufe von Zentralbanken stellen zurzeit das Gleichgewicht her. Zukünftig wird ein noch größeres Ungleichgewicht von Angebot und Nachfrage erwartet. Zentralbankverkäufe sind von Natur aus limitiert und der Höhepunkt der Minenproduktion ist bereits überschritten.[49]

Im Jahre 2011 sah die Nachfrage nach Gold folgend aus. Die Schmuckindustrie hat 1974 Tonnen Gold nachgefragt. Als Münzen und Barren wurden 1505 Tonnen Gold verarbeitet. Die Industrie hat noch weitere 453 Tonnen Gold verarbeitet. Insgesamt wurden 4574,3 Tonnen Gold nachgefragt. Die Tendenz ist jährlich steigend.[50]

---

[48] Vgl. Ronald-Peter Stoeferle: Spezial Report Gold - Glänzende Aussichten, 2008. Erste Group Research 2008, https://produkte.erstegroup.com/CorporateClients/de/ResearchCenter/Commodities/index.phtml, S. 27

[49] Vgl. Bruno Bandulet: Das geheime Wissen der Goldanleger, Rottenburg: Kopp 2010, S. 179–201

[50] Vgl. World Gold Council: Demand and supply statistics > Gold > World Gold Council. World Gold Council 2012, https://www.gold.org/investment/statistics/demand_and_supply_statistics/ vom 30.10.2012

Tonnes	2010	2011
Jewellery	2,016.8	1,973.9
Technology	465.6	452.7
Electronics	326.0	319.9
Other Industrial	90.9	89.4
Dentistry	48.7	43.4
Investment	1,583.1	1,689.7
Total bar and coin demand	1,200.9	1,504.6
Physical Bar demand	899.5	1,171.3
Official Coin	213.1	245.5
Medals/Imitation Coin	88.3	87.8
ETFs & similar products³	382.2	185.1
Official sector purchases	77.3	457.9
Gold demand	4,142.8	4,574.3
London pm fix, $/oz	1,224.5	1,571.5

Tabelle 1: Gold Nachfrage im Jahr 2010 und 2011 [51]

Durch Minenproduktion werden ca. 2700 Tonnen pro Jahr gedeckt. 1600 Tonnen Gold werden durch Wiederaufbereitung von Altgold gewonnen. Der Rest wird derzeit durch Zentralbankverkäufe abgedeckt.[52] Dadurch steigt natürlich der Druck von der Nachfrageseite und der Goldpreis muss zwangsläufig weiter steigen.[53]

---

[51] World Gold Council: Demand and supply statistics > Gold > World Gold Council. World Gold Council 2012, https://www.gold.org/investment/statistics/demand_and_supply_statistics/ vom 30.10.2012

[52] Vgl. Wikipedia (Hg.): Gold/Tabellen und Grafiken 2012, http://de.wikipedia.org/w/index.php?oldid=108188181 vom 30.10.2012.

[53] Vgl. Bandulet, Bruno: Das geheime Wissen der Goldanleger, Rottenburg: Kopp 2010, S. 179–201

Die nachfolgende Abbildung zeigt die globalen Goldreserven der Zentralbanken. Durch permanente Verkäufe in den letzten Jahrzehnten, nimmt der Goldbestand der Zentralbanken laufend ab.

Abbildung 6: Globale Goldreserven der Zentralbanken [54]

[54] Cordula Sauerland [Markt-Daten.de]: Markt-Daten.de: Zentralbanken - Währungsreserven 2012, http://www.markt-daten.de/research/zentralbanken/reserven.htm vom 03.11.2012

Die nachfolgende Abbildung zeigt die Goldreserven einzelner Länder.

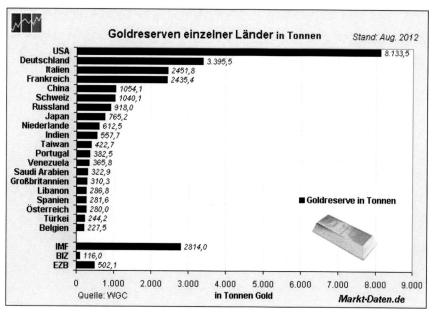

Abbildung 7: Goldreserven einzelner Länder in Tonnen [55]

2.5.1 Goldpreis

„Der Preis des Goldes wird auf dem offenen Markt bestimmt. Das geschieht seit dem 17. Jahrhundert am London Bullion Market. Seit dem 12. September 1919 treffen sich wichtige Goldhändler in einer Rothschild-Bank in London, um den Goldpreis formal zu fixieren. Seit 1968 gibt es ein weiteres tägliches Treffen in der Bank um 15 Uhr Londoner Zeit, um den Preis zur Öffnungszeit der US-Börsen erneut festzulegen. [...] Wichtige Faktoren, die auf den Goldpreis Einfluss nehmen, sind der Ölpreis und der aktuelle Kurs des US-Dollar, da Gold in dieser Währung gehandelt wird.“ [56]

[55] Cordula Sauerland [Markt-Daten.de]: Markt-Daten.de: Zentralbanken - Währungsreserven 2012, http://www.markt-daten.de/research/zentralbanken/reserven.htm vom 03.11.2012

[56] Wikipedia (Hg.): Gold 2012, http://de.wikipedia.org/w/index.php?oldid=109892735 vom 31.10.2012

2.5.2 Goldhandel

Gold wird bis auf an Wochenenden 24 Stunden durchgehend gehandelt. Wenn in Amerika der Handel geschlossen wir, dann öffnet wenig später der Handel am Asiatischen Kontinent. Schließt der Handel in Asien beginnt der Goldhandel in Europa und etwas später wieder der Handel in den USA.[57]

Die weltweit wichtigsten Handelsplätze für Gold sind London, Zürich, New York und Hongkong. Gehandelt wird das Edelmetall an der New York Mercantile Exchange (Abteilung COMEX), am Chicago Board of Trade, an der Euronext / LIFFE, am London Buillon Market, an der Tokyo Commodity Exchange, an der Bolsa de Mercadorias and Futuros und an der Korea Futures Exchange.[58]

2.5.3 Goldfixing

„Seit dem 17. Jahrhundert wird am London Bullion Market der Goldpreis bestimmt. Seit dem 12. September 1919 trafen sich um 10:30 Uhr Ortszeit (11:30 Uhr MEZ) Goldhändler in einer Rothschild-Bank an der St. Swithin Lane in London, um den Goldpreis formal zu fixieren. [...] Seit 1. April 1968 gibt es ein weiteres tägliches Treffen in London um 15:00 Uhr Ortszeit (16:00 Uhr MEZ), um den Preis zur Öffnungszeit der US-Börsen erneut festzulegen. [...] Seit 2004 findet die Sitzung, die früher dauerhaft von Rothschild geleitet wurde, unter jährlich rotierendem Vorsitz in der Barclays Bank statt. Zu dieser Veranstaltung treffen sich jeweils ein Vertreter der Bank of Nova Scotia–ScotiaMocatta, Barclays Bank, Deutsche Bank AG London, HSBC Bank USA NA London Branch und Société Générale, die alle Mitglieder der London Bullion Market Association (LBMA) sind." [59]

---

[57] Vgl. Klaus Neugebauer: Der Goldmarkt – wie und wann wird Gold gehandelt ? - bullionaer.de. Dr. Klaus Neugebauer 2012, http://www.bullionaer.de/shop_content.php/coID/14/product/Der-Goldmarkt vom 31.10.2012

[58] Vgl. M. Thielmann: Über Goldfixing 2012, http://www.goldfixing.de/goldfixing.html vom 31.10.2012

[59] Wikipedia (Hg.): Goldpreis 2012, http://de.wikipedia.org/w/index.php?oldid=109951283 vom 31.10.2012

„Ein Fixing ist ein Handelsprozess, bei dem versucht wird, möglichst viele Handelsaufträge zu einem festen Preis zu handeln." [60]

Mit anderen Worten, fünf Banker treffen sich zweimal täglich an geöffneten Börsentagen und verhandeln einen Goldpreis, an den sich alle Banken, Minengesellschaften, Großinvestoren, Münzhändler, Schmuckhersteller weltweit orientieren. Weiters gilt dieser gefixte Goldpreis auch als Basis für Derivate-Geschäfte.[61]

2.5.4 Wieso Gold keine Blase ist

In der Finanzszene wird teilweise behauptet, dass sich Gold gerade zu einer Blase bildet und das Platzen dieser bevor steht. Betrachtet man die Fakten, relativiert sich dieses Bild. 2009 waren 0,8% des Weltfinanzvermögens in Gold und Goldaktien veranlagt. Im Vergleich waren 1932 um die 20% und 1981 um die 26% in Gold und Goldaktien veranlagt. Würden 2% des Weltfinanzvermögens in Gold veranlagt werden, so müssten zusätzlich ca. 85.000 Tonnen Gold oder eine Minenproduktion von ca. 34 Jahren beschafft werden.[62] Aus dieser Sicht betrachtet hat Gold noch einiges an Potential und die Nachfrage wird eher steigen und damit auch der Preis.

[60] Christoph Eibl: Gold. Der Goldhandel im neuen Jahrtausend, München: FinanzBuch-Verl. 2005, S. 31

[61] Vgl. Yvonne Esterházy: Goldfixing: Wer täglich den Goldpreis festlegt - Finanzen - Wirtschaftswoche 2012, http://www.wiwo.de/finanzen/goldfixing-wer-taeglich-den-goldpreis-festlegt/5145422.html vom 31.10.2012

[62] Vgl. Stoeferle, Ronald-Peter: Spezial Report Gold, International Equities Gold, 2010. Erste Group Research 2010, https://produkte.erstegroup.com/CorporateClients/de/ResearchCenter/Commodities/index.phtml, S. 21

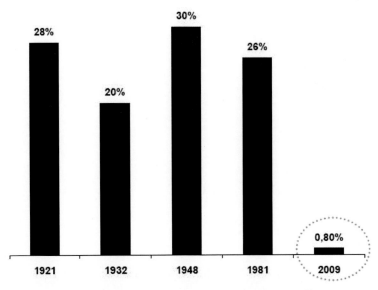

Abbildung 8: Gold und Goldminenaktien in % des Weltfinanzvermögens [63]

Weiters wird teilweise behauptet, dass der Goldpreis im historischen Vergleich zu hoch sei. Inflationsbereinigt müsste nach dem Hoch von 1980 der Kurs von Gold heute auf knapp USD 2.000 steigen um die alte Marke zu erreichen. Wenn man die alte Berechnungsweise der Inflation von 1980 heranziehen würde, so müsste Gold auf mehr als USD 7.000 steigen, um das Hoch aus 1980 real zu übertreffen.[64]

---

[63] Stoeferle, Ronald-Peter: Spezial Report Gold, International Equities Gold, 2010. Erste Group Research 2010, https://produkte.erstegroup.com/CorporateClients/de/ResearchCenter/Commodities/index.phtml, S. 21
[64] Stoeferle, Ronald-Peter: Spezial Report Gold - "In GOLD we TRUST", International Equity Gold, 2011. Erste Group Research 2011, https://produkte.erstegroup.com/CorporateClients/de/ResearchCenter/Commodities/index.phtml, S. 35

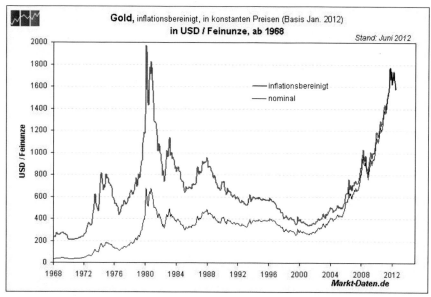

Abbildung 9: Gold, inflationsbereinigt, in USD / Feinunze, ab 1968 [65]

2.5.5 Goldpreismanipulation

Wo liegt die Grenze zwischen Manipulation und Intervention. Interveniert wird heute sehr oft. Wenn man z.B. den Schweizer Franken betrachtet, wird dieser seit über einem Jahr künstlich auf einem Kurs von über 1,20 zum Euro gehalten. Diese Intervention (Manipulation) der Schweizer Notenbank ist allen bekannt. Auch im japanischen Yen wurden im Laufe der letzten Jahre von der japanischen Noten-bank immer wieder Kursinterventionen (Manipulationen) durchgeführt. Mit Hilfe der OPEC-Förderquoten und der Freigabe von strategischen Reserven wird beim Preis von Öl interveniert (manipuliert). Bei Lebensmittelpreisen geschieht es mit-tels Subventionen. Ein zu stark steigender Goldpreis würde nachlassendes Ver-trauen in das Finanz- und Währungssystem signalisieren, daher ist es eher wahr-

---

[65] Cordula Sauerland: Markt-Daten.de: Charts - Inflationsbereinigt 2012, http://www.markt-daten.de/charts/inflationsbereinigt/index.htm vom 03.11.2012

scheinlich, dass auch im Goldpreis Interventionen stattfinden. Jedoch geht der primäre Trend von Gold klar nach oben.[66]

Laut einem Münchner Finanzexperten Namens Dimitri Speck liegt die Vermutung nahe, dass der Goldpreis künstlich niedrig gehalten wird. Gold ist ein Indikator für Inflation und Panik. Laut Speck kommen Zentralbanken ihrer geldpolitischen Aufgabe nach und versuchen durch Manipulation den Goldpreis niedrig zu halten.[67]

Dimitri Speck in einem Interview: *„Am Goldmarkt gibt es immer wieder schockartige Kurseinbrüche binnen kurzer Zeit ohne Anlass und auch starke Bewegungen an anderen Märkten. Ich bezeichne diese Preisbewegungen als "Intraday-Anomalien". Sie lassen sich seit dem 5. August 1993 statistisch nachweisen. Der häufigste Zeitpunkt für die Interventionen ist das Nachmittagsfixing in London, um 10 Uhr New Yorker Zeit. Zu dieser Zeit gerät der Goldpreis häufig auffallend stark unter Druck. [...] Ursprünglich setzten die internationalen Zentralbanken auf Verkäufe von physischem Gold, um den Preis zu drücken. Später gingen die Notenbanken dazu über, Gold an so genannte "Bullion Banks", also spezialisierte Geschäftsbanken, zu verleihen. Inzwischen werden die Preisinterventionen hauptsächlich an den Terminmärkten unter Einsatz von Derivaten durchgeführt."* [68]

---

[66] Vgl. Stoeferle, Ronald-Peter: Goldreport 2012 – In GOLD we TRUST. Erste Group Research 2012, https://produkte.erstegroup.com/CorporateClients/de/ResearchCenter/Commodities/index.phtml, S. 69

[67] Vgl. Deutsches Anleger Fernsehen: Exklusiv: Gerüchte um Manipulation des Goldpreises. Interview mit dem Finanzexperten Dimitri Speck. Deutsches Anleger Fernsehen 2012, http://www.daf.fm/video/exklusiv-geruechte-um-manipulation-des-goldpreises-40118874.html vom 31.10.2012

[68] boerse.ARD.de: Wie die Fed den Goldpreis manipuliert. Mark Ehren von boerse.ARD.de sprach mit dem Analysten und Buchautoren Dimitri Speck. boerse.ARD.de 2010, http://boerse.ard.de/performance-und-rendite/rohstoffe/wie-die-fed-den-goldpreis-manipuliert-100.html vom 31.10.2012

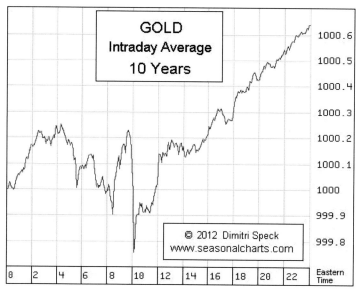

Abbildung 10: Saisonaler Gold Chart, 2002 bis 2012 [69]

Wie in der Abbildung ersichtlich gibt es signifikante Kurssprünge immer zum Zeitpunkt des Goldpreis Fixing um 10 Uhr New Yorker Zeit.

---

[69] SeasonalCharts.de: Seasonal Charts - Intraday - Metalle - Gold 2012,

http://www.seasonalcharts.de/intraday_metalle_gold.html vom 31.10.2012

2.6 Gold als stabilisierende Portfoliokomponente

Laut dem Goldexperten Ronald-Peter Stöferle von der Erste Group Research ist eine Beimischung von Gold in ein traditionelles Anlageportfolio empfehlenswert. In seinem aktuellen Spezial Gold Report schreibt er folgendes:

„Dass zumindest eine geringfügige Goldallokation empfehlenswert ist, belegen zahlreiche wissenschaftliche Research-Paper zum Thema Gold im Investmentprozess. (Vgl. "What do Acedemics think they know about gold", Brian M Lucey) Insgesamt beschäftigen sich mehr als 300 Studien damit. So empfiehlt Sherhman (1982) eine Gewichtung von 5% in aktienlastigen Portfolios, während Chua (1990) bis zu 25% Gewichtung empfiehlt. Bruno und Chincarini (2010) empfehlen 10% für Investoren außerhalb der USA, während Scherer (2009) für Staatsfonds und Klement/Longchamp (2010) für HNWI's eine Allokation zwischen 5 und 10% empfehlen. Auch Oxford Economics (Vgl. "The impact of inflation and deflation on the case for gold", Oxford Economics, Juli 2011) empfiehlt Gold als eine Risikoversicherung in einem ausgewogenen Portfolio und rät zu Gewichtungen zwischen 5 und 9%. Gemäß WGC-Studie (Vgl. "Gold: alternative investment, foundation asset", WGC) tendieren Portfolios, die Gold enthalten besser (durch Erhöhung der Gewinne bzw. Verringerung der Verluste) als diejenigen, die kein Gold enthalten. So verbessert eine Gold-Allokation zwischen 3,3 und 7,5% das Portfolioprofil signifikant."[70]

2.6.1 Korrelation von Gold zu anderen Assetklassen

„Seit 1970 liegt die Korrelation zum S&P 500 bei -0,02, zu 10-jährigen US-Staatsanleihen bei -0,04 und dem CRB Rohstoffindex bei +0,19 und zu Häuserpreisen (anhand des Case-Shiller Index ab 2000) lediglich bei +0,13. Gold ist somit als wenig korrelierte Assetklasse definitiv prädestiniert zur Portfoliodiversifi-

---

[70] Stoeferle, Ronald-Peter: Goldreport 2012 – In GOLD we TRUST. Erste Group Research 2012, https://produkte.erstegroup.com/CorporateClients/de/ResearchCenter/Commodities/index.phtml, S. 86

kation. [...] Gold ist im Sinne eines effizienten Risk Managements eine sinnvolle Portfolioversicherung." [71]

Die nachfolgende Grafik zeigt die Korrelation von Gold zu anderen Assetklassen im 5 Jahres Vergleich.

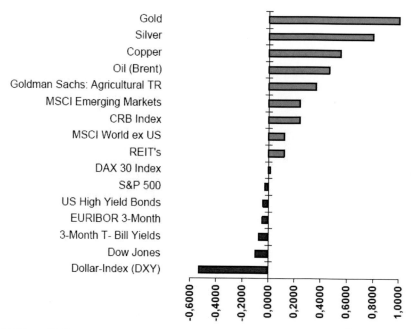

Abbildung 11: Korrelation Gold vs. andere Assetklassen, 5 Jahres Vergleich [72]

2.6.2 Gold und Volatilität

Um ein Portfolio zu stabilisieren ist neben einer passenden Assetklasse mit geringer Korrelation auch ein Asset mit geringer Volatilität zu bevorzugen. Je weniger Volatilität ein Asset hat, desto geringer wird damit auch das Risiko des Assets. Im

---

[71] Stoeferle, Ronald-Peter: Goldreport 2012 – In GOLD we TRUST. Erste Group Research 2012, https://produkte.erstegroup.com/CorporateClients/de/ResearchCenter/Commodities/index.phtml., S. 85–86
[72] ebd., S. 86

Vergleich zu Aktien, Öl oder anderen Metallen ist Gold im zehn und im zwei Jahresschnitt das Asset mit der geringsten Volatilität und eignet sich damit hervorragend als Stabilisator eines Portfolios.

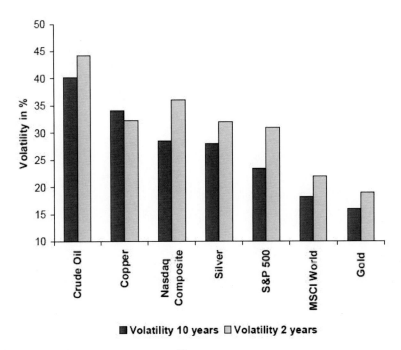

■ Volatility 10 years ☐ Volatility 2 years

Abbildung 12: Volatilität 10 bzw. 2 Jahre [73]

[73] Stoeferle, Ronald-Peter: Spezial Report Gold, International Equities Gold, 2010. Erste Group Research 2010, https://produkte.erstegroup.com/CorporateClients/de/ResearchCenter/Commodities/index.phtml, S. 26

2.7 Gold aus charttechnischer Sicht

Gold befindet sich aktuell in einer Korrekturphase. Nach dem Allzeithoch von USD 1920 im Jahr 2011 notierte der Preis drei Standardabweichungen über der 40-Tage-Linie. Erst zwei Mal im Laufe der aktuellen Bullenphase (Mai 2006 und im März 2008) war Gold ähnlich stark überverkauft. Nach diesen Bewegungen folgten immer relativ starke Korrekturen. Die aktuelle Korrektur ist im langfristigen Verhältnis mit -19% Drawdown im Durchschnitt. Jedoch die zeitliche Dauer der Korrektur ist überdurchschnittlich.[74]

Aus Sicht der Markttechnik (Weiterentwicklung der Charttechnik) folgt nach Korrekturen mit höherer Wahrscheinlichkeit wieder eine Bewegung nach oben.[75] Mit anderen Worten sollte das All-Time-High mit einem Kurs von 1920 aus dem Jahre 2011 bald durchbrochen werden.

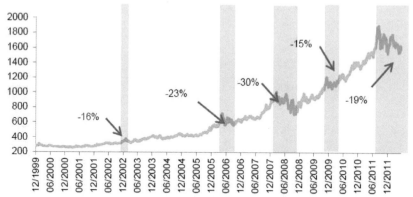

Abbildung 13: Goldchart, Größere Korrekturen seit Beginn des Bullenmarktes [76]

[74] Vgl. Stoeferle, Ronald-Peter: Goldreport 2012 – In GOLD we TRUST. Erste Group Research 2012, https://produkte.erstegroup.com/CorporateClients/de/ResearchCenter/Commodities/index.phtml, S. 104

[75] Vgl. Michael Voigt: Das große Buch der Markttechnik. Auf der Suche nach der Qualität im Trading, München: FinanzBuch-Verl. 2009, S. 97–168

[76] R.-P. Stoeferle, S. 104

Die nachfolgende Abbildung zeigt Gold in unterschiedlichen Währungen. In praktisch allen Währungen (britische Pfund, USD, Euro, chinesischen Yuan, kanadischer und australischer Dollar sowie Schweizer Franken) ist der Aufwärtstrend intakt.[77] Erst wenn dieser Aufwärtstrend gebrochen werden würde, wäre eine Seitwerts- oder Abwärtsbewegung wahrscheinlicher.[78]

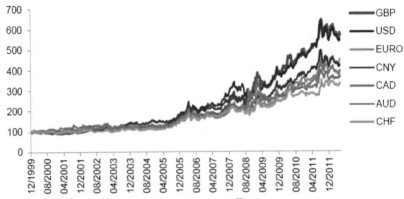

Abbildung 14: Gold in unterschiedlichen Währungen [79]

2.8 Gewichtseinheiten

„Die Einheit der Masse ist das Kilogramm. Das Kilogramm (kg) ist eine der sieben Basiseinheiten des SI-Einheitensystems. Alle anderen Einheiten werden aus den Basiseinheiten abgeleitet. Im 18. Jahrhundert wurde das kg über die Masse eines Kubikdezimeter Wassers definiert. Seit 1898 ist das kg gleich der Masse des internationalen Prototyps. Dieser ist aus Platin-Iridium gefertigt und lagert in Paris. Das Gramm bzw. Kilogramm ist die am häufigsten verwendete Gewichtseinheit

---

[77] Vgl. Stoeferle, Ronald-Peter: Goldreport 2012 – In GOLD we TRUST. Erste Group Research 2012, https://produkte.erstegroup.com/CorporateClients/de/ResearchCenter/Commodities/index.phtml, S. 104

[78] Vgl. John J. Murphy: Technische Analyse der Finanzmärkte. Grundlagen, Strategien, Methoden, Anwendungen, München: FinanzBuch-Verl. 2004, S. 111–137

[79] R.-P. Stoeferle, S. 104

und international verbreitet, mit Ausnahme von Australien, Großbritannien und den USA."[80]

Das Kilogramm ist die einzige SI-Basiseinheit, die noch heute, wie vor rund 200 Jahren, durch einen Prototyp-Körper dargestellt wird. Dieses Ur-Kilogramm ruht unter einer doppelten, gläsernen Käseglocke in einem Labor des "Bureau International des Poids et Mesures" in Sèvres bei Paris.[81]

2.8.1 Unze

„Die "Unze" ist ein altes Maß, ein Gewicht, sowie eine Geldgröße mit sehr unterschiedlichem Gebrauch und unterschiedlichen Werten. Das Wort „Unze" ist vom lateinischen „uncia" (Einheit) entlehnt, welches sich letztlich von lat. „unus" (eins) ableitet. Im alten Rom wurde damit 1/12 einer Maßeinheit bezeichnet. In Deutschland gab es die Unze als Handelsgewicht: 1 Unze waren 2 Lot oder 1/16 Pfund oder 1/8 kölnische Mark, später 1/16 Zollpfund. Heute wird die Unze als „ounce" (Einheitenzeichen „oz") vor allem in den USA und in Großbritannien als allgemeine Gewichts- und Maßeinheit verwendet, wobei 1 oz = 28,349523 g entsprechen."[82]

2.8.2 Feinunze

Im Bereich des Edelmetallhandels wird weltweit als übliches Maß die Unze als „Troy-Unze" bzw. „Feinunze" verwendet. Dabei entspricht eine Feinunze 1 oz = 31,103477 g. Die englische Bezeichnung der Feinunze lautet „troy ounce". Das Einheitenzeichen wird in Großbritannien mit „oz tr" und in den USA mit „oz t" abgekürzt. Im Alltag wird bei der Angabe eines Münz- oder Barrengewichtes nur das

---

[80] Frank Hoffmann: Gewichtseinheiten - GoldSeiten.de 2012, http://www.goldseiten.de/muenzen/unze.php vom 27.10.2012

[81] Vgl. Physikalisch-Technische Bundesanstalt (PTB): Das Kilogramm 2012, http://www.ptb.de/cms/themenrundgaenge/hueterindereinheiten/das-si/kilogramm.html vom 27.10.2012

[82] F. Hoffmann

Wort "Unze" verwendet.[83] [84] Gold- und Silberpreise werden in US-Dollar pro Feinunze angegeben.[85]

2.8.3 Karat (Gold)

„Das Karat (Einheit: kt), oft auch als Goldkarat bezeichnet, ist eine Angabe für Edelmetall-Legierungen. Die "Kölnische Mark" (233,8 g) wurde bei Gold in 24 Teile (Karat) und bei Silber in 16 Teile (Loth) eingeteilt. 14 kt Gold sind 14 Teile Edelmetall von insgesamt 24 Teilen, also 14/24 = 0,583. Anstelle der 24 Teile wird heute in 1000 Teilen gerechnet. 14 kt Goldanteil entsprechen 585 /1000 Goldanteil."[86]

Feinheit	Goldanteil	Karat
999,9 (= 1.000)	99,9 % (reines Gold)	24 Karat
917	91,7 %	22 Karat
750	75,0 %	18 Karat
585	58,5 %	14 Karat
416	41,6 %	10 Karat
375	37,5 %	9 Karat
333	33,3 %	8 Karat

Tabelle 2: Karat (Gold), Feinheit, Goldanteil [87]

---

[83] Vgl. Wolfgang Trapp: Kleines Handbuch der Maße, Zahlen, Gewichte und der Zeitrechnung, Köln: Komet 1998, S. 135

[84] Frank Hoffmann: Gewichtseinheiten - GoldSeiten.de 2012, http://www.goldseiten.de/muenzen/unze.php vom 27.10.2012

[85] Vgl. Münze Österreich AG: Münzprägestätte der Republik Österreich - Glossar 2012, http://www.muenzeoesterreich.at/Statische_Seiten/Glossar vom 27.10.2012

[86] F. Hoffmann

[87] ebd.

2.9 Direkte Goldanlage als physisches Gold

Neben der direkten Veranlagung in physischem Gold in Form von Münzen und Barren, gibt es auch noch indirekte Varianten der Goldanlage. Unter diese indirekten Anlageformen fallen Aktien von Goldminenfirmen und die verschiedensten goldbezogenen Wertpapiere.[88]

Laut einer Studie bevorzugen 88% der deutschen Privatbürger den Besitz von physischen Goldwerten. Nur 12% würden zukünftig in goldbezogene Wertpapiere investieren.[89]

Der durchschnittliche Goldbesitz der privaten Haushalte in Deutschland beträgt knapp 2,8% vom Gesamtvermögen. Davon fallen 1,3% auf Münzen und Barren und 0,4% auf Goldbezogene Wertpapiere.[90]

63% der deutschen Privatbürger, die zukünftig vorhaben physisches Gold als Kapitalanlage zu kaufen, bevorzugen den Kauf von Barren. 25% fallen auf Münzen und 12% fallen auf goldbezogene Wertpapiere.[91]

---

[88] Vgl. Markus Miller: Der große Strategie- und Edelmetall-Guide. Das FORT KNOX für Privatanleger, München: FinanzBuch Verlag 2012, S. 13–15

[89] Vgl. Jens Kleine/Matthias Krautbauer/Martin Hüfner: „Motive und Herkunft des Goldbesitzes der Privatpersonen in Deutschland". Finanzstudie. Steinbeis Research Center for Financial Services, STEINBEIS-HOCHSCHULE BERLIN, München 2011, http://www.steinbeis-research.de/pdf/Motive_und_Herkunft_des_Goldbesitz_der_Privatpersonen_in_Deutschland.pdf, S. 5

[90] Vgl. J. Kleine/M. Krautbauer, S. 3

[91] Vgl. Kleine, Jens/Krautbauer, Matthias/Hüfner, Martin: „Motive und Herkunft des Goldbesitzes der Privatpersonen in Deutschland". Finanzstudie. Steinbeis Research Center for Financial Services, STEINBEIS-HOCHSCHULE BERLIN, München 2011, http://www.steinbeis-research.de/pdf/Motive_und_Herkunft_des_Goldbesitz_der_Privatpersonen_in_Deutschland.pdf., S. 5

2.9.1 Goldmünzen

Anlagemünzen aus Gold bieten sich als praktische Möglichkeit für die physische Goldanlage an. Der 1967 erstmals ausgegebene südafrikanische Krügerrand war die erste Goldmünze der Welt. Inzwischen gibt es mit dem Maple Leaf aus Kanada, dem österreichischen Wiener Philharmoniker, dem chinesischen Panda, dem australischen Nugget, usw. etablierte Alternativen.

2.9.2 Preis von Münzen

Die Preise von Goldmünzen orientieren sich am täglichen Goldfixing. Je nach Größe der Münze gibt es unterschiedliche Preisaufschläge (Agio). Spread wird der Preisunterschied genannt, den die Münzhändler zwischen An- und Verkaufspreis verrechnen.

2.9.3 Krugerrand (Südafrika)

„Die bekannteste und älteste Anlagemünze der "Neuzeit" ist der Krugerrand, "Krügerrand" gesprochen, mit beidseitig gleichbleibendem Motiv. Der Münzname setzt sich aus dem abgebildeten burischen General und späteren Präsidenten von Transvaal Paul Kruger (vollständig: Stephanus Johannes Paulus Kruger, 1825-1904) und der südafrikanischen Währung Rand zusammen, die ihren Namen wiederum der südafrikanischen Region "Witwatersrand" verdankt, in der das erste Gold gefunden wurde. Die Rückseite zeigt eine Springbock-Antilope mit dem Prägejahr und der Größenangabe. Eine Währungsangabe wird der Betrachter vergebens suchen. Trotzdem handelt es sich um eine Münze und nicht um eine Medaille oder einen Barren. Laut südafrikanischer Verfassung bzw. Notenbankverordnung ist die 22-Karat-Goldmünze in Südafrika offizielles Zahlungsmittel mit

einem täglich variierenden Nennwert. Dieser entspricht dem Londoner Fixingpreis umgerechnet in die Landeswährung." [92]

Der Krugerrand hat durch Beimischung von Kupfer einen Feingehalt von 916/1000 oder 91,66%. Im Vergleich zu anderen Goldmünzen erscheint der Krugerrand dadurch mit einem etwas dunkleren, rötlichen Schimmer. Das reine Goldgewicht in der Münze ist aber trotzdem genau eine Unze (31,103g). Insgesamt ist die Münze aber durch ihren Kupferanteil etwas schwerer. [93]

Abbildung 15: Krugerrand [94]

Nennwert	Bezeichnung	Größe	Feinheit	Goldgehalt	Gesamt	Abmaße	MwSt.
-	Krügerrand	1 oz	916,66	31,103 g	33,93 g	32,70 x 2,80 mm	0 %
-	Krügerrand	1/2 oz	916,66	15,552 g	16,97 g	27,00 x 2,20 mm	0 %
-	Krügerrand	1/4 oz	916,66	7,776 g	8,48 g	22,00 x 1,80 mm	0 %
-	Krügerrand	1/10 oz	916,66	3,110 g	3,39 g	16,50 x 1,30 mm	0 %

Tabelle 3: Krugerrand, Größe, Feinheit, Goldgehalt, Abmessung [95]

---

[92] Frank Hoffmann: Krügerrand - Gold - Anlagemünzen - klassische - GoldSeiten.de 2012, http://www.goldseiten.de/muenzen/gold.php#kruegerrand vom 01.11.2012

[93] Vgl. Reymann, David: Edelmetallhandbuch. Ihre praktische Vermögensanlage in Goldbarren, Silbermünzen und Platinmetallen, München: FinanzBuch-Verl. 2011, S. 44

[94] F. Hoffmann

[95] ebd.

2.9.4 Wiener Philharmoniker (Österreich)

„1989 begann die Republik Österreich als zweiter europäischer Staat nach Großbritannien (Britannia) mit der Prägung von 1- und 1/4-Unzen-Goldmünzen. Aufgrund der großen Beliebtheit und Nachfrage folgten 1991 die 1/10-Unzen- und ab
1994 1/2-Unzen-Stückelungen. Mit der Euro-Einführung zum 01.01.2002 änderte
sich der Nennwert von Schilling in Euro. [...] Bezogen auf den Durchmesser von
37 mm ist der Philharmoniker die größte 1-Unze-Goldmünze zu Anlagezwecken.
[...] Stellvertretend für das weltberühmte Orchester finden sich auf der einen
Münzseite ausgewählte Instrumente der Wiener Philharmoniker wieder. Die Orgel
im goldenen Saal des Wiener Musikvereins, der Nennwert, die Feinheit und das
Prägejahr zieren die andere Seite. Der Rand ist geriffelt und kann ungeschützt bei
anderen Münzen unschöne Kratzer verursachen. Das Motiv der Münze bleibt
jährlich gleich." [96]

„Der Wiener Philharmoniker ist wohl die weltweit beliebteste Bullionmünze.
999,9/1000 oder 24-Karat sagen aus, dass der Wiener Philharmoniker aus purem
Gold ist. Vor allem Anleger in Europa, Japan und Nordamerika schätzen das
Meisterwerk aus Österreich mit der besonderen Strahlkraft. Der Wiener Philhar-
moniker zählt auch zu den schönsten Münzen. Die vom Chefgraveur der Münze
Österreich AG, Thomas Pesendorfer, designte Münze wurde mehrfach ausge-
zeichnet. Der Künstler brachte die Orgel aus dem goldenen Saal des Wiener
Musikvereins auf die Wertseite. Zu Ehren des weltberühmten Orchesters der
Wiener Philharmoniker fanden bedeutende Instrumente den Weg auf die zweite
Münzseite, darunter Viola, Violine, Cello, Horn, Fagott und Harfe. [...] Es gibt den
Wiener Philharmoniker aber auch in Silber. Beide Varianten sind offizielle Zah-
lungsmittel." [97]

---

[96] Frank Hoffmann: Wiener Philharmoniker - Gold - Anlagemünzen - klassische - GoldSeiten.de 2012,
http://www.goldseiten.de/muenzen/gold.php#philharmoniker vom 01.11.2012

[97] Münze Österreich AG: Der Wiener Philharmoniker – 1 Unze Feingold in Perfektion 2012,
http://www.muenzeoesterreich.at/Produkte/1-Unze-Feingold-999.9 vom 01.11.2012

Der Wiener Philharmoniker ist die auflagenstärkste europäische Anlagemünze und wird von der Münze Österreich AG in Wien geprägt. Seit 2008 wird die Münze auch in Silber geprägt.[98]

Abbildung 16: Wiener Philharmoniker [99]

NW alt	NW neu	Bezeichnung	Größe	Feinheit	Goldgehalt	Gesamt	Abmaße	MwSt.
2.000 S	100 €	Philharmoniker	1 oz	999,9	31,103 g	31,103 g	37,00 x 2,00 mm	0 %
1.000 S	50 €	Philharmoniker	1/2 oz	999,9	15,552 g	15,552 g	28,00 x 1,60 mm	0 %
500 S	25 €	Philharmoniker	1/4 oz	999,9	7,776 g	7,776 g	22,00 x 1,20 mm	0 %
200 S	10 €	Philharmoniker	1/10 oz	999,9	3,110 g	3,110 g	16,00 x 1,20 mm	0 %

Tabelle 4: Wiener Philharmoniker, Größe, Feinheit, Goldgehalt, Abmessung [100]

2.9.5 Maple Leaf (Kanada)

„Die 24-Karat-Goldmünze "Maple Leaf" erschien erstmals im Jahr 1979. Sie ist damit die zweite Anlagemünze nach dem Krügerrand und bezogen auf den Durchmesser die kleinste aller 1-Unzen-Goldmünzen. Die Maples waren die ersten Anlagemünzen, die eine Feinheit* von 99,9% aufwiesen. Wenige Jahre später, im Jahr 1983, erhöhte die The Royal Canadian Mint den Goldgehalt auf 99,99%. [...] Ab 1982 folgten die 1/4- und 1/10-Unzen-Münzen, ab 1986 die 1/2-Unzen- und ab 1993 die 1/20-Unzen-Stücke. Zwischen 1994 und 1996 gab es auch eine 1/15-Unze-Variante. [...] Das Motiv des kanadischen Ahornblattes (engl.: Maple

---

[98] Vgl. Reymann, David: Edelmetallhandbuch. Ihre praktische Vermögensanlage in Goldbarren, Silbermünzen und Platinmetallen, München: FinanzBuch-Verl. 2011, S. 43

[99] Hoffmann, Frank: Wiener Philharmoniker - Gold - Anlagemünzen - klassische - GoldSeiten.de 2012, http://www.goldseiten.de/muenzen/gold.php#philharmoniker vom 01.11.2012.

[100] ebd.

Leaf) ist jährlich gleich bleibend. In der Rundschrift werden aufgrund der Zwei-sprachigkeit Kanadas die numismatischen Daten in Englisch und in Französisch aufgeprägt. Auf der Rückseite sind das Porträt von der englischen Königin Elisa-beth II., der Nennwert und das Prägejahr abgebildet. (Porträt-Änderungen: 1979-89, 1990-2003, 2004-aktuell)" [101]

Die Anlagemünze aus Kanada gibt es in den vier Edelmetallen, Gold, Silber, Platin und Palladium zumindest in der Größe von 1 Unze. [102]

Abbildung 17: Maple Leaf [103]

Nennwert	Bezeichnung	Größe	Feinheit*	Goldgehalt	Gesamt	Abmaße	MwSt.
50 Can$	Maple Leaf	1 oz	999,9	31,103 g	31,103 g	30,00 x 2,87 mm	0 %
20 Can$	Maple Leaf	1/2 oz	999,9	15,552 g	15,552 g	25,00 x 2,23 mm	0 %
10 Can$	Maple Leaf	1/4 oz	999,9	7,776 g	7,776 g	20,00 x 1,78 mm	0 %
5 Can$	Maple Leaf	1/10 oz	999,9	3,110 g	3,110 g	16,00 x 1,13 mm	0 %
1 Can$	Maple Leaf	1/20 oz	999,9	1,555 g	1,555 g	14,00 x 0,92 mm	0 %

Tabelle 5: Maple Leaf, Größe, Feinheit, Goldgehalt, Abmessung [104]

---

[101] Frank Hoffmann: Maple Leaf - Gold - Anlagemünzen - klassische - GoldSeiten.de 2012, http://www.goldseiten.de/muenzen/gold.php#mapleleaf vom 01.11.2012

[102] Vgl. Reymann, David: Edelmetallhandbuch. Ihre praktische Vermögensanlage in Goldbarren, Silbermün-zen und Platinmetallen, München: FinanzBuch-Verl. 2011, S. 41–42

[103] F. Hoffmann

[104] ebd.

2.9.6 Nugget / Känguru (Australien)

„Die Goldgräber in Australien fanden ihr erstes Gold in Form von Goldklumpen -
englisch "Nugget". In Erinnerung an berühmte Funde erhielt die erste australische
Anlagemünze diesen Namen. Den Anfang machte 1986 die Abbildung des be-
rühmten "Welcome Stranger"-Nuggets (gefunden 1869), der zugleich eine Ähn-
lichkeit zum australischen Kontinent aufwies. Interessanterweise waren die Motive
auf den kleineren Stückelungen nicht identisch mit der 1-oz-Variante (1/2 oz =
"Hand of Faith" (1980), 1/4 oz = "Golden Eagle" (1931), 1/20 oz = "Little Hero"
(1890)). Es gab insgesamt drei Jahrgänge mit gleichen Motiven, die zuerst in
"Polierter Platte" und ein Jahr später als "Massenware" in Stempelglanz-Qualität
erschienen. Die Bezeichnung "The Australian Nugget", die Größenangabe, das
Prägejahr und später auch die Feinheitsangabe sind in der Rundschrift erkennbar,
der Name des Nuggets steht unterhalb des Motivs. Drei Jahre später entstand
eine Sondersituation, die bis heute weltweit einzigartig blieb: Die Akzeptanz der
Nugget-Motive war relativ gering und so entschloss sich die australische Münz-
prägeanstalt The Perth Mint, das Motiv unter Beibehaltung des Münznamens
zugunsten des australischen Kängurus (engl.: Kangaroo) zu ändern. [...] Die
Abbildungen der Känguru-Motive wechseln jährlich, sie sind jedoch bei allen Stückelungen eines Jahrgangs gleich. [...] Die Rückseite ziert bei beiden Variationen
die englische Königin Elizabeth II. mit der Nennwertsangabe. Wie bei allen anderen Münzen mit dem Bildnis der Queen wird das Porträt nach einigen Jahren dem
aktuellen Alter (Aussehen) der Königin angepasst. In Australien erfolgte die letzte
Anpassung mit dem Jahrgang 1999." [105]

Die Nugget-Münzen werden in Gold und Silber geprägt. Aufgrund der geringen
Silberauflage fallen sie als Silbermünze eher in den Bereich der Sammlermünzen.[106]

---

[105] Frank Hoffmann: Nugget - Gold - Anlagemünzen - klassische - GoldSeiten.de 2012,
http://www.goldseiten.de/muenzen/gold.php#nugget vom 01.11.2012
[106] Vgl. Reymann, David: Edelmetallhandbuch. Ihre praktische Vermögensanlage in Goldbarren, Silbermünzen und Platinmetallen, München: FinanzBuch-Verl. 2011, S. 49–50

Abbildung 18: Nugget / Känguru [107]

Nennwert	Bezeichnung	Größe	Feinheit	Goldgehalt	Gesamt	Abmaße	MwSt.
3.000 A$*	Nugget	1 kg	999,9	1.000 g	1.000 g	75,60 x 13,90 mm	0 %
1.000 A$*	Nugget	10 oz	999,9	311,03 g	311,03 g	60,30 x 7,90 mm	0 %
200 A$*	Nugget	2 oz	999,9	62,206 g	62,206 g	40,60 x 4,00 mm	0 %
100 A$	Nugget	1 oz	999,9	31,103 g	31,103 g	32,60 x 2,65 mm	0 %
50 A$	Nugget	1/2 oz	999,9	15,552 g	15,552 g	25,60 x 2,20 mm	0 %
25 A$	Nugget	1/4 oz	999,9	7,776 g	7,776 g	20,60 x 1,80 mm	0 %
15 A$	Nugget	1/10 oz	999,9	3,110 g	3,110 g	16,60 x 1,50 mm	0 %
5 A$	Nugget	1/20 oz	999,9	1,555 g	1,555 g	14,60 x 1,40 mm	0 %

Tabelle 6: Nugget / Känguru, Größe, Feinheit, Goldgehalt, Abmessung [108]

2.9.7 Britannia (Großbritannien)

„Gälen und Britanner, benannt nach ihrer jeweiligen alten Heimat Gallien und der Bretagne, besiedelten zu allererst das heutige Großbritannien. Später eroberte Julius Caesar (um 55/54 v.Chr.) die Insel (teilweise), die er selbst "Britannia" nannte. Heute steht die "Britannia" als Symbol für das ganze englische Königreich. Als erste europäische Anlagemünze erschien sie 1987 in den 4 Unzengrößen. Die Münze besitzt eine Feinheit von 916,66 (22 Karat). Als Legierungsmetall wurde bis 1989 nur Kupfer (Rotgold), danach zu gleichen Teilen Silber und Kupfer (Gelbgold) verwendet, was zur Folge hat, dass die Färbung der Goldmünze variiert. Das klassische Motiv war bis zum Jahr 2000 gleichbleibend und zeigt die weibliche

---

[107] Hoffmann, Frank: Nugget - Gold - Anlagemünzen - klassische - GoldSeiten.de 2012,

http://www.goldseiten.de/muenzen/gold.php#nugget vom 01.11.2012.

[108] ebd.

Figur "Britannia" in wehendem Gewand mit Helm und Schild. Im gezackten Rahmen sind die Größe der Münze, ihr Name und das Prägejahr graviert. Auf der Rückseite ist das Portrait von Königin Elizabeth II. und der Nennwert abgebildet. Analog zu allen anderen Staaten des Commonwealth (Australien, Kanada, Isle of Man,...) wird alle paar Jahre das Portrait des Throninhabers dem aktuellen Erscheinungsbild angepasst. Allerdings erfolgt die Anpassung je nach Land zu unterschiedlichen Zeitpunkten/Jahrgängen. Zur Begrüßung des neuen Jahrtausends (und vielleicht auch zur Steigerung der Attraktivität der Münze), entschlossen sich die Verantwortlichen der British Royal Mint zu einem (Teil-)Motivwechsel. In den ungeraden Jahren erscheint jeweils ein neues Motiv der Britannia, Jahrgänge mit geraden Zahlen bleiben unverändert. So erschien erstmalig im Jahr 2001 das Motiv der "Britannia mit einem Löwen". 2003 und 2005 folgten eine Abbildung des "Kopfes der weiblichen Britannia" und die "Sitzende Britannia". Seit 2008 wechselt das Motiv in unregelmäßigen Abständen."[109]

Die Britannia-Münzen werden in Gold und Silber geprägt.[110]

Abbildung 19: Britannia [111]

---

[109] Frank Hoffmann: Britannia - Gold - Anlagemünzen - klassische - GoldSeiten.de 2012,
http://www.goldseiten.de/muenzen/gold.php#britannia vom 01.11.2012

[110] Vgl. Reymann, David: Edelmetallhandbuch. Ihre praktische Vermögensanlage in Goldbarren, Silbermünzen und Platinmetallen, München: FinanzBuch-Verl. 2011, S. 51

[111] F. Hoffmann

Nennwert	Bezeichnung	Größe	Feinheit	Goldgehalt	Gesamt	Abmaße*	MwSt.
100 £	Britannia	1 oz	916,66	31,103 g	33,84 g	32,70 x 2,79 mm	0 %
50 £	Britannia	1/2 oz	916,66	15,552 g	16,92 g	27,00 x 2,08 mm	0 %
25 £	Britannia	1/4 oz	916,66	7,776 g	8,46 g	22,00 x 1,63 mm	0 %
10 £	Britannia	1/10 oz	916,66	3,110 g	3,38 g	16,50 x 1,17 mm	0 %

Tabelle 7: Britannia, Größe, Feinheit, Goldgehalt, Abmessung [112]

2.9.8 Panda (China)

„1982 begann China, eine Münze aus purem Gold zu prägen. Auf der Vorderseite
ist der vom Aussterben bedrohte und streng geschützte Pandabär mit dem Nennwert und Feinheitsangabe, auf der anderen der "Tempel des Himmels" mit dem
Prägejahr abgebildet. Das Motiv des Pandabären wechselte bis 2000 jährlich,
2001 und 2002 war es gleich, ab 2003 wechselte es wieder. Die Abbildung des
Tempels ist immer gleich, jedoch schwankt die Form des außenliegenden Randes
(mit der Schrift). Es gibt 3 Versionen: von 1982-1991, 1992-1999 und 2000-heute.
Eine Besonderheit stellt der Nennwert der Münzen dar. Die Erstausgabe 1982
besaß keinen Nennwert, von 1983-2000 wurden die 1-Unzen-Stücke mit nominal
100 Yuan geprägt, ab 2001 erhöhte sich der Nennwert auf 500 Yuan! Das ab 1983
geprägte 1/20-Unzen-Stück war weltweit das erste in dieser Größe." [113]

Die Anlagemünze aus China gibt es in den vier Edelmetallen, Gold, Silber, Platin
und Palladium zumindest in der Größe von 1 und 1/2 Unze.[114]

---

[112] Frank Hoffmann: Britannia - Gold - Anlagemünzen - klassische - GoldSeiten.de 2012,
http://www.goldseiten.de/muenzen/gold.php#britannia vom 01.11.2012

[113] Frank Hoffmann: Panda - Gold - Anlagemünzen - klassische - GoldSeiten.de 2012,
http://www.goldseiten.de/muenzen/gold.php#panda vom 01.11.2012

[114] Vgl. Reymann, David: Edelmetallhandbuch. Ihre praktische Vermögensanlage in Goldbarren, Silbermünzen und Platinmetallen, München: FinanzBuch-Verl. 2011, S. 52

Abbildung 20: Panda [115]

Nennwert	NW (alt)	Bezeichnung	Größe	Feinheit	Gesamt	Abmaße	MwSt.
500 Yuan	(100 Yuan)	Panda	1 oz	999,9	31,103 g	32,00 x 2,70 mm	0 %
200 Yuan	(50 Yuan)	Panda	1/2 oz	999,9	15,552 g	27,00 x 1,85 mm	0 %
100 Yuan	(25 Yuan)	Panda	1/4 oz	999,9	7,776 g	22,00 x 1,53 mm	0 %
50 Yuan	(10 Yuan)	Panda	1/10 oz	999,9	3,110 g	18,00 x 1,05 mm	0 %
10 Yuan	(5 Yuan)	Panda	1/20 oz	999,9	1,555 g	14,00 x 0,83 mm	0 %
	3 Yuan	Panda	1 g	999,9	1,00 g	10,00 x 0,66 mm	0 %

Tabelle 8: Panda, Größe, Feinheit, Goldgehalt, Abmessung [116]

2.9.9 American Eagle (USA)

„Der "American Eagle", bezeichnet nach den alten US-Goldmünzen mit der Abbildung eines Adlers (englisch: eagle) aus den Gründerjahren, besteht zu 91,66% aus Gold (= 22 Karat). Bedingt durch die Legierungsmetalle (5,33% Kupfer und 3% Silber) besitzt der Eagle, ähnlich dem Krügerrand, ein leicht dunkleres aussehen und ist durch die höhere Härte unempfindlicher gegen Kratzer. Als jährlich gleichbleibendes Motiv ist die "Liberty" (Freiheitsstatue = das amerikanische Freiheitssymbol) und auf der anderen Seite der "Adler im Anflug auf seinen Horst" (Adler = amerikanisches Nationalsymbol) mit dem Nennwert und dem Prägejahr abgebildet. Letzteres weist eine Besonderheit auf: In den Jahren 1986 bis 1991

---

[115] Frank Hoffmann: Panda - Gold - Anlagemünzen - klassische - GoldSeiten.de 2012,
http://www.goldseiten.de/muenzen/gold.php#panda vom 01.11.2012
[116] ebd.

erfolgte die Angabe in römischer Zahlenschreibweise, danach in arabischen Ziffern. (1986 = MCMLXXXVI, 1990 = MCMLXC, 1991 = MCMLXCI, usw.)" [117]

Die Anlagemünze aus den USA gibt es in den drei Edelmetallen, Gold, Silber und Platin zumindest in der Größe von 1 Unze.[118]

Abbildung 21: American Eagle [119]

Nennwert	Bezeichnung	Größe	Feinheit	Goldgehalt	Gesamt	Abmaße	MwSt.
50 USD	American Eagle	1 oz	916,66	31,103 g	33,93 g	32,70 x 2,83 mm	0 %
25 USD	American Eagle	1/2 oz	916,66	15,552 g	16,97 g	27,00 x 2,16 mm	0 %
10 USD	American Eagle	1/4 oz	916,66	7,776 g	8,48 g	22,00 x 1,79 mm	0 %
5 USD	American Eagle	1/10 oz	916,66	3,110 g	3,39 g	16,50 x 1,27 mm	0 %

Tabelle 9: American Eagle, Größe, Feinheit, Goldgehalt, Abmessung [120]

---

[117] Frank Hoffmann: American Eagle - Gold - Anlagemünzen - klassische - GoldSeiten.de 2012,
http://www.goldseiten.de/muenzen/gold.php#eagle vom 01.11.2012

[118] Vgl. Reymann, David: Edelmetallhandbuch. Ihre praktische Vermögensanlage in Goldbarren, Silbermünzen und Platinmetallen, München: FinanzBuch-Verl. 2011, S. 48

[119] F. Hoffmann

[120] ebd.

2.9.10   American Buffalo (USA)

„Seit 1986 werden die American-Eagle-Goldmünzen mit einer Feinheit von 916,6 (= 22 Karat) geprägt. Der Markt forderte seit längerer Zeit eine Anlagemünze mit einer 999,9-Feinheit. Die United States Mint kam dieser Forderung im Juni 2006 nach und präsentierte mit dem "Buffalo" die erste 24-Karat-Goldanlagemünze der USA. Das Motiv ist identisch mit der erstmalig 1913 erschienen Nickelmünze "Indian Head" im Nennwert von 5 Cent. [...] Neben dem Porträt sind das Prägejahr und das Wort "Liberty" ("Freiheit") ersichtlich. Das umseitige Motiv zeigt den amerikanischen Bison. Zur damaligen Zeit waren die in der nordamerikanischen Prärie lebenden Tiere vom Aussterben bedroht. [...] Umgangssprachlich wurden die Bisons zur damaligen Zeit im englischen als Buffalo (zu deutsch: Büffel) bezeichnet. Neben dem Bison ist der Nennwert von 50 USD, die Feinheit und das Ursprungsland abgebildet. Die Inschrift "In God we trust" ("Wir vertrauen in Gott") verweist auf den nationalen Wahlspruch. Die Buffalo-Goldmünze wird seit dem ersten Prägejahr nur als 1-Unze-Stück angeboten und parallel zum "American Eagle" geprägt." [121]

Die American Buffalo-Münzen werden in Gold und Silber geprägt. Jedoch wird die Silberversion der Münze in viereckiger Form geprägt.[122]

Abbildung 22: American Buffalo [123]

[121] Frank Hoffmann: American Buffalo - Gold - Anlagemünzen - klassische - GoldSeiten.de 2012, http://www.goldseiten.de/muenzen/gold.php#buffalo vom 01.11.2012

[122] Vgl. Reymann, David: Edelmetallhandbuch. Ihre praktische Vermögensanlage in Goldbarren, Silbermünzen und Platinmetallen, München: FinanzBuch-Verl. 2011, S. 48

[123] F. Hoffmann

Nennwert	Bezeichnung	Größe	Feinheit	Goldgehalt	Gesamt	Abmaße	MwSt.
50 USD	American Buffalo	1 oz	999,9	31,103 g	31,103 g	32,7mm x 2,95mm	0 %

Tabelle 10: American Buffalo, Größe, Feinheit, Goldgehalt, Abmessung [124]

2.9.11 Weitere Anlagemünzen in Gold

Es gibt noch einige weitere sehr schöne Münzen aus Gold. Durch teilweise geringere Auflage und verschiedene Motivserien fallen diese Münzen eher in den Bereich der Sammlermünzen. Bei Münzhändlern werden diese meist mit höheren Aufschlägen verkauft wobei bei Rückkauf meist nur der aktuelle Goldwert bezahlt wird.

2.9.12 Goldbarren

Der Inbegriff der Kapitalanlage in physisches Gold ist der Goldbarren. Effiziente Lagerung, einfache und kostengünstige Herstellung sind neben der zeitlosen Form die Vorteile von Gold in Barrenform. In der Regel werden Barren ab einem Gewicht von 250 Gramm gegossen. Kleinere Gewichtseinheiten werden noch geprägt, da die Prägung für kleinere Einheiten noch wirtschaftlicher ist. Meist wird der Barren unter 250 Gramm einfach aus Feinblechen gestanzt und einseitig geprägt. Auf den Barren finden sich dann Angaben wie Feinheit, Gewicht, Hersteller, Nummer, Metallart. [125]

---

[124] ebd.

[125] Vgl. Reymann, David: Edelmetallhandbuch. Ihre praktische Vermögensanlage in Goldbarren, Silbermünzen und Platinmetallen, München: FinanzBuch-Verl. 2011, S. 34

Abbildung 23: Goldbarren [126]

2.9.13   Good Delivery

Good Delivery ist ein internationales Gütesiegel für Edelmetallbarren. Die englische Bezeichnung bedeutet "gute Auslieferung". Der Good Delivery Standard regelt wie Barren auszusehen haben. Mit dem Zertifikat von der LBMA (London Bullion Market Association) müssen Hersteller von Goldbarren hohe und strenge Kriterien erfüllen.[127]

„An der LBMA (London Bullion Market Association) und dem LPPM (London Platinum and Palladium Market) werden Gold und Silber bzw. Platin und Palladium gehandelt. Beide Handelsplätze sind keine Börsenplätze im herkömmlichen Sinne, sondern OTC-Märkte (Over-the-Counter-Märkte), bei denen die Parteien direkt miteinander Verträge abschließen. Kunden sind unter anderem Zentralbanken, Produzenten und Großinvestoren. Zugelassen zum Handel sind nur Edelmetallbarren von Scheide- und Prägeanstalten, die bestimmte Qualitätsanforderungen erfüllen. Das internationale Gütesiegel "good delivery" bestätigt und garantiert die

---

[126] Degussa: Produkte 2012, http://www.degussa-goldhandel.de/de/produkte.aspx vom 01.11.2012

[127] Vgl. Tim Schieferstein/Karsten Dümmler: Zertifizierte Good Delivery Standard Barren: So erhalten Goldbarren / Silberbarren das LBMA Zertifikat 2012, http://www.goldsilbershop.de/good-delivery.html vom 01.11.2012

aufgeprägten oder eingestanzten Barrenmerkmale wie Feinheit und Gewicht. Die Barren werden weltweit akzeptiert und gehandelt." [128]

GOLD – Good Delivery Standard	
Gewicht:	Näherungsweise 400 Feinunzen / 12,4 kg Minimaler Goldgehalt: 350 Feinunzen / 10,9 kg Maximaler Goldgehalt: 430 Feinunzen / 13,4 kg
Abmessungen:	Länge (Oberseite): 250mm +/- 40mm Breite (Oberseite): 70mm +/- 15mm Höhe: 35mm +/- 15mm
Feingehalt:	Mindestens 995,0 / 1000 bzw. 99,50%
Markierungen:	Seriennummer, Prüfnummer des Herstellers, Feinheit (auf vier signifikante Stellen genau), Herstellungsjahr

Tabelle 11: Beispiel einer genauen Spezifikationen von Goldbarren im Good Delivery Standard [129]

Eine aktuelle Liste von Herstellern von Goldbarren mit dem Good Delivery Zertifikat von der LBMA (London Bullion Market Association) findet sich auf der Homepage der LBMA. [130]

2.9.14   Preis von Barren

Die Preise von Goldbarren orientieren sich am täglichen Goldfixing. Je nach Größe des Barrens gibt es unterschiedliche Preisaufschläge (Agio). Spread wird der Preisunterschied genannt, den die Goldhändler zwischen An- und Verkaufspreis verrechnen.

---

[128] Frank Hoffmann: Begriffe - GoldSeiten.de 2012, http://www.goldseiten.de/muenzen/erklaerungen.php vom 01.11.2012

[129] Tim Schieferstein/Karsten Dümmler: Zertifizierte Good Delivery Standard Barren: So erhalten Goldbarren / Silberbarren das LBMA Zertifikat 2012, http://www.goldsilbershop.de/good-delivery.html vom 01.11.2012

[130] Vgl. The London Bullion Market Association - All rights reserved: LBMA | Gold List 2012, http://www.lbma.org.uk/pages/index.cfm?page_id=29&title=gold_list vom 01.11.2012

2.9.15   Echtheitsprüfung von Gold

Leider werden in letzter Zeit auch immer wieder Barren und Münzen gefälscht. Es gibt mehrere Methoden die Echtheit von Gold zu prüfen. Die Möglichkeiten reichen vom einfachen Messen und Wiegen bis zu aufwändiger Methoden, die das Material schädigen.

Zu jeder Münze findet man im Internet vom Hersteller genaue Angaben zu den Abmessungen und dem Gewicht. Es gibt auch geringe Toleranzen die der Hersteller angibt. Da Gold durch seine dichte Masse sich von anderen Metallen abhebt, ist die Variante durch Messen und Wiegen die Echtheit zu prüfen schon ziemlich sicher. Zum Messen sollte eine Waage im Gramm Bereich mit zwei Nachkommastellen vorhanden sein.[131]

Weitere professionelle Möglichkeiten zur Echtheitsprüfung wäre z.B. die Röntgenfluoreszenz Analyse. Hier wird die Materialzusammensetzung gemessen und über Bildschirm angezeigt. Bei einer Leitfähigkeitsmessung wird mittels eines Wirbelstromtestgerätes die Leitfähigkeit gemessen und somit die Echtheit der Münzlegierung feststellen. Weiters kann mittels eines Ultraschallmessgerätes die definierte Schallgeschwindigkeit festgestellt werden und ob die zu untersuchende Goldmünze aus einer durchgängig homogenen Goldlegierung besteht oder ob sie manipuliert und mit unedlen Metallen aufgefüllt wurde.[132]

Als zerstörende Prüfmethoden wären die Varianten der Prüfsäure oder der Bohrung zu nennen. Mit dem Säuretest wird ein leichter Abrieb des Goldes auf einem Stein mit Säure behandelt und so gemessen ob es sich um echtes Gold und welche Art der Legierung handelt. Die Bohrung als radikalste Echtheitsprüfung kommt

---

[131] Vgl. Reymann, David: Edelmetallhandbuch. Ihre praktische Vermögensanlage in Goldbarren, Silbermünzen und Platinmetallen, München: FinanzBuch-Verl. 2011, S. 89–90

[132] Vgl. Dominik Lochmann/Birgit Schüßler: Echtheitsprüfung von Goldmünzen / Fälschungserkennung 2012, http://www.kruegerrand.de/echtheitspruefung/ vom 01.11.2012

in der Praxis nur in Scheideanstalten vor. Dort werden nach dem Schmelzvorgang Probebohrungen gemacht um bei größeren Mengen die Qualität zu sichern.[133]

2.9.16   Steuerliche Behandlung von Gold

Laut § 6 (1) UStG ist der Ankauf von Anlagegold (Münzen und Barren) in Österreich umsatzsteuerfrei.[134] Im Gegensatz zu Silber. Silber wird beim Ankauf mit 20% USt versteuert.

2.10 Studie: Goldbesitz der Privatpersonen in Deutschland

Die Studie „Goldbesitz der Privatpersonen in Deutschland" unter der Leitung von Prof. Dr. Jens Kleine, ist eine Untersuchung zur Analyse des Goldbesitzes privater Haushalte in Deutschland des Research Center for Financial Services. Diese Studie wurde im Jahre 2010 erstellt. Es wurden 3248 Privatpersonen mit einem Alter von über 18 Jahren befragt.

2.10.1   Verteilung der insgesamt weltweiten Goldmenge

Laut Schätzungen beträgt die weltweit geförderte Goldmenge knapp 163.000 Tonnen. Von diesen 163.000 Tonnen wurden mehr als die Hälfte zu Schmuck verarbeitet oder von der Industrie verwendet. Die restliche Menge wird von institu-

---

[133] D. Reymann

[134] Vgl. JUSLINE: § 6 UStG (Umsatzsteuergesetz), Steuerbefreiungen - JUSLINE Österreich 2012, http://www.jusline.at/6_Steuerbefreiungen_UStG.html vom 02.11.2012

tionellen Investoren, Zentralbanken und privaten Personen in Form von Münzen und Barren zu Anlagezwecken gehalten.[135]

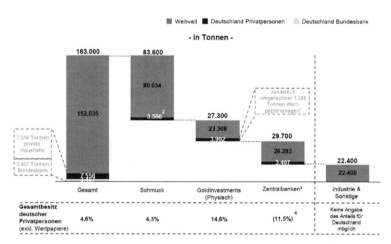

Abbildung 24: Verteilung der insgesamt weltweit geförderten Goldmenge [136]

2.10.2   Goldbesitz der deutschen Privathaushalte

Deutschland besitzt ca. 12.000 Tonnen Gold, das sind ca. 8% der weltweiten Goldmenge. 7500 Tonnen Gold, als Schmuck oder Anlagegold in Form von Münzen und Barren, werden in Deutschland von Privatpersonen gehalten. Weitere 1350 Tonnen Gold fallen auf goldbezogene Wertpapiere. Im Vergleich hält die Deutsche Bundesbank rund 3500 Tonnen Gold.[137]

---

[135] Vgl. Kleine, Jens/Krautbauer, Matthias: „Goldbesitz der Privatpersonen in Deutschland". Finanzstudie: Analyse des Goldbesitzes und des Anlageverhaltens von Privatpersonen in Deutschland. Steinbeis Research Center for Financial Services, STEINBEIS-HOCHSCHULE BERLIN, München 2010, http://www.steinbeis-research.de/pdf/20101102_Goldstudie_RFS-Steinbeis_Kurzfassung.pdf vom 28.10.2012, S. 1

[136] ebd., S. 2

[137] Vgl. Kleine, Jens/Krautbauer, Matthias: „Goldbesitz der Privatpersonen in Deutschland". Finanzstudie: Analyse des Goldbesitzes und des Anlageverhaltens von Privatpersonen in Deutschland. Steinbeis Research Center for Financial Services, STEINBEIS-HOCHSCHULE BERLIN, München 2010, http://www.steinbeis-research.de/pdf/20101102_Goldstudie_RFS-Steinbeis_Kurzfassung.pdf vom 28.10.2012, S. 1–2

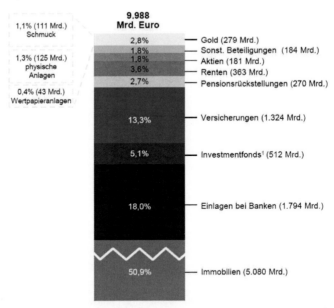

Abbildung 25: Gesamtvermögen der privaten Haushalte in Deutschland inkl. Gold und goldbezogener Anlagen [138]

Interessant ist auch, dass der gehaltene Aktienanteil zum Zeitpunkt der Studie um 100 Mrd. Euro geringer war als der gehaltene Goldanteil. Weiters nehmen goldbezogene Wertpapiere mit 43 Mrd. einen eher geringen Anteil am privaten Goldvermögen ein. Insgesamt hat eine Privatperson ca. 3% der Vermögenswerte in Gold veranlagt. Dabei wird der Schwerpunkt auf Schmuck und Münzen und Barren gelegt. Weiters muss berücksichtigt werden, dass der Goldpreis in den letzten Jahren laufend gestiegen ist, wodurch auch die Gewichtung von Gold bezogen auf das Gesamtvermögen gestiegen ist.[139]

---

[138] ebd., S. 3

[139] Vgl. Kleine, Jens/Krautbauer, Matthias: „Goldbesitz der Privatpersonen in Deutschland". Finanzstudie: Analyse des Goldbesitzes und des Anlageverhaltens von Privatpersonen in Deutschland. Steinbeis Research Center for Financial Services, STEINBEIS-HOCHSCHULE BERLIN, München 2010, http://www.steinbeis-research.de/pdf/20101102_Goldstudie_RFS-Steinbeis_Kurzfassung.pdf vom 28.10.2012, S. 3

2.10.3   Anteil der Personen mit Goldbesitz an der Bevölkerung

Laut Studie besitzen 63% der über 18 jährigen deutschen Privatpersonen Schmuck aus Gold. 26,2% veranlagen physisch in Gold Münzen und Barren, d.h. jeder vierte Deutsche über 18 Jahre hat zumindest einen Teil seines Geldes in physischem Gold veranlagt. Die Veranlagung in goldbezogene Wertpapiere ist dagegen mit 11,3% eher gering.[140]

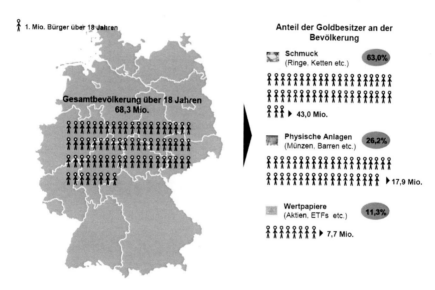

Abbildung 26: Anteil der Goldbesitzer an der Bevölkerung [141]

[140] Vgl. Kleine, Jens/Krautbauer, Matthias: „Goldbesitz der Privatpersonen in Deutschland". Finanzstudie: Analyse des Goldbesitzes und des Anlageverhaltens von Privatpersonen in Deutschland. Steinbeis Research Center for Financial Services, STEINBEIS-HOCHSCHULE BERLIN, München 2010, http://www.steinbeis-research.de/pdf/20101102_Goldstudie_RFS-Steinbeis_Kurzfassung.pdf vom 28.10.2012, S. 4
[141] ebd.

2.10.4 Goldbesitz der deutschen Bevölkerung nach Vermögen und Einkommen

Laut Studie hat jeder Deutsche im Alter von über 18 Jahren im Durchschnitt 58 Gramm in Form von Gold Münzen oder Barren veranlagt. Weitere 52 Gramm Gold fallen auf Schmuck und 20 Gramm sind in goldbezogenen Wertpapieren veranlagt.[142]

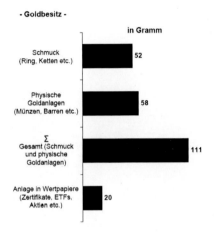

Abbildung 27: Durchschnittlicher Goldbesitz in Deutschland pro Person in Gramm [143]

Diese durchschnittlichen Grammangaben sind natürlich nicht gleichmäßig auf die Bevölkerung verteilt. Die Menge an Gold variiert je nach Einkommenssituation und Anlagevermögen. Um sich ein genaueres Bild der Verteilung zu machen, wurde zwischen Anlagevermögen unter 25.000,- Euro und über 150.000,- Euro bei der Befragung unterschieden. Personen mit einem Anlagevermögen von bis zu 25.000,- Euro haben im Durchschnitt 15 Gramm an physischer Goldanlage. Per-

---

[142] Vgl. Kleine, Jens/Krautbauer, Matthias: „Goldbesitz der Privatpersonen in Deutschland". Finanzstudie: Analyse des Goldbesitzes und des Anlageverhaltens von Privatpersonen in Deutschland. Steinbeis Research Center for Financial Services, STEINBEIS-HOCHSCHULE BERLIN, München 2010, http://www.steinbeis-research.de/pdf/20101102_Goldstudie_RFS-Steinbeis_Kurzfassung.pdf vom 28.10.2012, S. 5

[143] ebd.

sonen mit einem Anlagevermögen von über 150.000,- Euro haben mehr als das 18-fache, nämlich durchschnittlich 277 Gramm an physischer Goldanlage. Der Unterschied bei der Veranlagung in goldbezogene Wertpapiere ist noch größer, da Personen mit einem Anlagevermögen unter 25.000,- Euro so gut wie keine gold-bezogenen Wertpapiere besitzen.[144]

2.10.5   Bereitschaft den Goldbestand im Anlagevermögen zu er-höhen

Zurzeit besitzen 26% der deutschen Bevölkerung eine physische Veranlagung in Gold (Münzen und Barren). Laut der Studie können sich zumindest knapp 40% der Bevölkerung möglicherweise vorstellen physisches Gold in Münz- oder Bar-renform in den nächsten 3 Jahren zu kaufen.[145]

2.10.6   Vergleich des Goldbesitzes in Deutschland, Frankreich und Italien

Vergleicht man den Goldbesitz von Deutschland, Frankreich und Italien, nimmt Deutschland eine klare Führungsrolle ein. Zu den 7557 Tonnen Gold der Deut-schen, besitzen die Franzosen 4714 Tonnen und die Italiener 6418 Tonnen Gold. Das Verhältnis zwischen Zentralbank Gold im Vergleich zur physischen Veranla-gung von Münzen und Barren von Privatpersonen fällt in Deutschland zu Gunsten der Privatpersonen und in Frankreich und Italien zu Gunsten der Zentralbanken aus. Dies könnte auf ein erhöhtes Sicherheitsbewusstsein der deutschen Bevölke-rung hinweisen.[146]

---

[144] Vgl. Kleine, Jens/Krautbauer, Matthias: „Goldbesitz der Privatpersonen in Deutschland". Finanzstudie: Analyse des Goldbesitzes und des Anlageverhaltens von Privatpersonen in Deutschland. Steinbeis Research Center for Financial Services, STEINBEIS-HOCHSCHULE BERLIN, München 2010, http://www.steinbeis-research.de/pdf/20101102_Goldstudie_RFS-Steinbeis_Kurzfassung.pdf vom 28.10.2012, S. 5–6

[145] ebd., S. 8

[146] ebd., S. 8–9

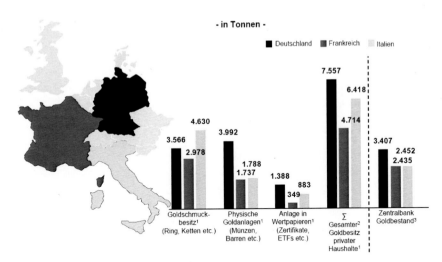

- in Tonnen -

■ Deutschland ■ Frankreich ░ Italien

			7.557	
4.630	3.992		6.418	
3.566			4.714	3.407
2.978		1.788		2.452
		1.737	1.388	2.435
			883	
			349	

| Goldschmuck-besitz[1] (Ring, Ketten etc.) | Physische Goldanlagen[1] (Münzen, Barren etc.) | Anlage in Wertpapieren[1] (Zertifikate, ETFs etc.) | Σ Gesamter[2] Goldbesitz privater Haushalte[1] | Zentralbank Goldbestand[3] |

Abbildung 28: Goldbesitz der Gesamtbevölkerung ab einem Alter von 18 Jahren im Vergleich zum Zentralbankbesitz [147]

2.10.7   Fazit dieser Studie

„Die häufig angeführte Sicherheitsorientierung der Deutschen spiegelt sich auch im Goldbesitz wider. So nehmen die physischen Goldanlagen der deutschen Bevölkerung einen relativ großen Anteil an den weltweiten physischen Goldinvestments ein. Der Anteil am weltweit vorhandenen Goldschmuck ist im Gegensatz dazu vergleichsweise gering. Goldbezogene Wertpapieranlagen der Privathaushalte haben bisher nur eine eher geringe Bedeutung. Der Goldbesitz ist allerdings relativ ungleich in der Bevölkerung verteilt. So steigt sowohl der Anteil der Goldbesitzer als auch die gehaltene Goldmenge bzw. das in Gold gebundene Vermögen mit steigendem Einkommen bzw. Vermögen signifikant an. Auch im europäischen Vergleich mit Frankreich und Italien verfügt die deutsche Bevölkerung über relativ viel Gold. So halten die deutschen Privathaushalte pro Kopf

---

[147] Kleine, Jens/Krautbauer, Matthias: „Goldbesitz der Privatpersonen in Deutschland". Finanzstudie: Analyse des Goldbesitzes und des Anlageverhaltens von Privatpersonen in Deutschland. Steinbeis Research Center for Financial Services, STEINBEIS-HOCHSCHULE BERLIN, München 2010, http://www.steinbeis-research.de/pdf/20101102_Goldstudie_RFS-Steinbeis_Kurzfassung.pdf vom 28.10.2012, S. 9

deutlich mehr Gold zu Anlagezwecken als die Bürger in Frankreich und Italien. Die
allgemein tendenziell positive Einstellung der Privatpersonen lässt auf weiteres
Potential für Goldinvestitionen schließen."[148]

2.11 Studie: Motive und Herkunft des Goldbesitzes der Privatpersonen in Deutschland

Die Studie „Motive und Herkunft des Goldbesitzes der Privatpersonen in Deutschland" unter der Leitung von Prof. Dr. Jens Kleine, ist eine Untersuchung zur Analyse der Motive und Herkunft des Goldbesitzes privater Haushalte in Deutschland des Research Center for Financial Services. Diese Studie wurde im Jahre 2011 erstellt. Es wurden 4297 Privatpersonen mit einem Alter von über 18 Jahren befragt.

2.11.1   Gründe für den Erwerb von Gold

Aufgrund der Wirtschaftskrise und der Finanzkrise sind große Teile der Bevölkerung verunsichert. Diese Verunsicherung hat zur Folge, dass 70% der deutschen Bevölkerung Angst vor einer steigenden Inflation haben. 83% der befragten Goldbesitzer haben als wichtigsten Grund für das Goldinvestment den Schutz vor steigender Inflation angegeben. Als weiterer wichtiger Grund wurde von 84% die Suche nach einer wertstabilen Geldanlage angegeben. Knapp über 50% der

---

[148] Kleine, Jens/Krautbauer, Matthias: „Goldbesitz der Privatpersonen in Deutschland". Finanzstudie: Analyse des Goldbesitzes und des Anlageverhaltens von Privatpersonen in Deutschland. Steinbeis Research Center for Financial Services, STEINBEIS-HOCHSCHULE BERLIN, München 2010, http://www.steinbeis-research.de/pdf/20101102_Goldstudie_RFS-Steinbeis_Kurzfassung.pdf vom 28.10.2012, S. 10

Befragten befürchten in den nächsten Jahren eine mögliche Währungsreform. 18% würden sich sogar eine Goldgedeckte Währung wünschen.[149]

2.11.2 Zufriedenheit mit dem Goldbesitz

73% der befragten Goldbesitzer sind mit der Entscheidung physisches Gold gekauft zu haben zufrieden. 58% der Goldbesitzer wollen das Gold auch weiterhin behalten und nicht wieder verkaufen. Nur 18,7% haben vor ihr Gold in nächster Zeit wieder zu verkaufen. Damit bleibt dem Goldmarkt weiteres Gold entzogen, da die Mehrheit der Goldbesitzer nicht verkaufen möchte. 47% der Befragten möchten zurzeit kein Gold kaufen, da es ihnen zu teuer erscheint.[150]

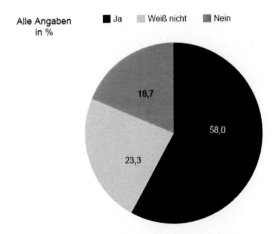

Abbildung 29: Befragung: Wollen Sie Ihr Gold behalten? [151]

[149] Vgl. Kleine, Jens/Krautbauer, Matthias/Hüfner, Martin: „Motive und Herkunft des Goldbesitzes der Privatpersonen in Deutschland". Finanzstudie. Steinbeis Research Center for Financial Services, STEINBEIS-HOCHSCHULE BERLIN, München 2011, http://www.steinbeis-research.de/pdf/Motive_und_Herkunft_des_Goldbesitz_der_Privatpersonen_in_Deutschland.pdf. S. 1

[150] Vgl. Kleine, Jens/Krautbauer, Matthias/Hüfner, Martin: „Motive und Herkunft des Goldbesitzes der Privatpersonen in Deutschland". Finanzstudie. Steinbeis Research Center for Financial Services, STEINBEIS-HOCHSCHULE BERLIN, München 2011, http://www.steinbeis-research.de/pdf/Motive_und_Herkunft_des_Goldbesitz_der_Privatpersonen_in_Deutschland.pdf. S. 2

[151] ebd.

2.11.3 Physischer Goldbesitz im Vergleich zu goldbezogenen Wertpapieren

Durchschnittlich besitzt jede deutsche Privatperson mit einem Alter von über 18 Jahren knapp über 100 Gramm Gold zu Anlagezwecken. Auf Münzen und Barren fallen drei Viertel der privaten Goldbestände zu Anlagezwecken. Zurzeit ist noch ein Viertel in goldbezogene Wertpapiere veranlagt. Diese Tendenz geht weiter zurück. Nur noch 12% der Befragten würde heute noch in goldbezogene Wertpapiere investieren.[152]

2.11.4 Herkunftsart des Goldbesitzes

Gold gilt häufig als Langfristanlage, dies kann man daraus schließen, dass nur 51,5% des Goldvermögens der Privatbevölkerung durch eigene Käufe getätigt wurde. Je ein Viertel wurde vererbt oder in Form von Geschenken weitergegeben. Gold wird damit auch über Generationen gehalten. Goldkäufe stammen vorwiegend vom vermögenderen Teil der Bevölkerung. Die Bevölkerungsschicht mit niedrigen Einkommen und Vermögen, haben ihren Goldbesitz meist geerbt oder als Geschenk bekommen.[153]

---

[152] ebd.

[153] Vgl. Kleine, Jens/Krautbauer, Matthias/Hüfner, Martin: „Motive und Herkunft des Goldbesitzes der Privatpersonen in Deutschland". Finanzstudie. Steinbeis Research Center for Financial Services, STEINBEIS-HOCHSCHULE BERLIN, München 2011, http://www.steinbeis-research.de/pdf/Motive_und_Herkunft_des_Goldbesitz_der_Privatpersonen_in_Deutschland.pdf. S. 3

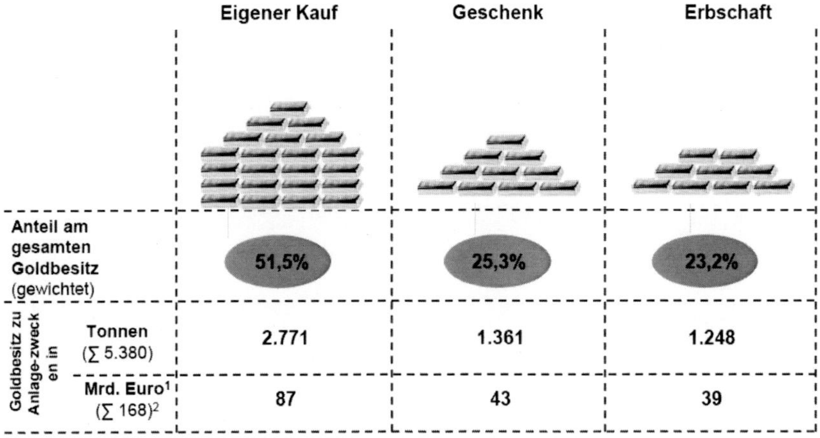

	Eigener Kauf	Geschenk	Erbschaft
Anteil am gesamten Goldbesitz (gewichtet)	51,5%	25,3%	23,2%
Goldbesitz zu Anlagezwecken in **Tonnen** ($\sum$ 5.380)	2.771	1.361	1.248
Mrd. Euro[1] ($\sum$ 168)[2]	87	43	39

Abbildung 30: Herkunftsart des Goldbesitzes zu Anlagezwecken [154]

2.11.5 Zeitpunkt der Goldkäufe

Seit der Finanz- und Wirtschaftskrise und dem steigenden Goldpreis der letzten Jahre, ist auch ein signifikanter Anstieg der Goldkäufe zu sehen. Über 40% der Goldkäufe stammen aus den letzten 3 Jahren. Signifikante Zeitpunkte waren während der Subprime Krise in den USA, der Insolvenz der Lehman Bank, während dem Beginn der Eurokrise, den Schwierigkeiten Griechenlands und deren Ausweitung auf weitere europäische Staaten.[155]

---

[154] ebd.

[155] Vgl. Kleine, Jens/Krautbauer, Matthias/Hüfner, Martin: „Motive und Herkunft des Goldbesitzes der Privatpersonen in Deutschland". Finanzstudie. Steinbeis Research Center for Financial Services, STEINBEISHOCHSCHULE BERLIN, München 2011, http://www.steinbeis-research.de/pdf/Motive_und_Herkunft_des_Goldbesitz_der_Privatpersonen_in_Deutschland.pdf. S. 3–4

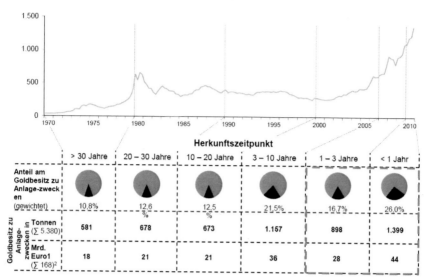

Abbildung 31: Herkunftszeitpunkte des Goldbesitzes zu Anlagezwecken [156]

2.11.6   Aufbewahrung des Goldes

Für fast zwei Drittel der deutschen Bevölkerung gilt die Lagerung bei Banken als wünschenswerte Variante. 33% können sich vorstellen das Gold zu Anlagezwecken in Münz- und Barrenform auch zuhause in den eigenen vier Wänden zu lagern. Privaten Anbietern die auf die Lagerung von Gold spezialisiert sind, kommt zurzeit noch fast keine Bedeutung zu.[157]

2.11.7   Formen des geplanten Golderwerbs

Interessant ist auch die Form des geplanten Golderwerbs der Privatbevölkerung. Nur 12% würden zukünftig in goldbezogene Wertpapiere investieren. 88% bevorzugen den Besitz von physischen Goldwerten wie Münzen oder Barren, wobei mit

---

[156] ebd., S. 4

[157] ebd.

63% die Barren eindeutig die Nase vorne haben. Dies kann man auch als Indiz des Sicherheitsbedürfnisses und der jetzigen Verunsicherung der Bevölkerung sehen.[158]

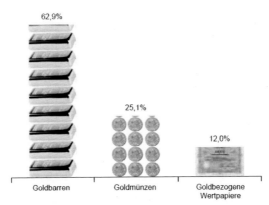

Abbildung 32: Form, in der Gold im Falle eines Kaufs erworben werden würde [159]

2.11.8   Ländervergleich: Anteil der Personen die Gold zu Anlagezwecken gekauft haben

Aufgrund der vermehrten Goldkäufe in den letzten Jahren, könnte man sagen, dass die Privatpersonen in Deutschland im Vergleich zu Italien oder Frankreich ein besonderes Sicherheitsbedürfnis haben. Gold zu Anlagezwecken, als Schutz in wirtschaftlichen Krisenzeiten, wurde in den vergangenen drei Jahren von 23% der in Deutschland lebenden Privatpersonen gekauft. In Italien waren es im Vergleich nur 6,7% und in Frankreich nur 3,3%.[160]

---

[158] Vgl. Kleine, Jens/Krautbauer, Matthias/Hüfner, Martin: „Motive und Herkunft des Goldbesitzes der Privatpersonen in Deutschland". Finanzstudie. Steinbeis Research Center for Financial Services, STEINBEIS-HOCHSCHULE BERLIN, München 2011, http://www.steinbeis-research.de/pdf/Motive_und_Herkunft_des_Goldbesitz_der_Privatpersonen_in_Deutschland.pdf. S. 5

[159] ebd.

[160] Vgl. Kleine, Jens/Krautbauer, Matthias/Hüfner, Martin: „Motive und Herkunft des Goldbesitzes der Privatpersonen in Deutschland". Finanzstudie. Steinbeis Research Center for Financial Services, STEINBEIS-HOCHSCHULE BERLIN, München 2011, http://www.steinbeis-research.de/pdf/Motive_und_Herkunft_des_Goldbesitz_der_Privatpersonen_in_Deutschland.pdf. S. 7

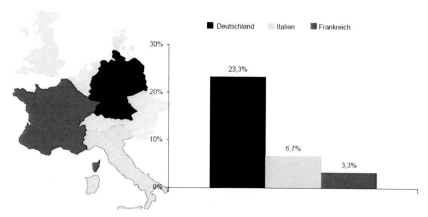

Abbildung 33: Anteil der Personen die Gold zu Anlagezwecken gekauft haben [161]

2.11.9 Kernaussagen dieser Studie

- *„70% der Deutschen haben Angst vor einer steigenden Inflation*
- *Geteiltes Bild bei der Währungsstabilität – Rund die Hälfte kann sich vorstellen, dass der Euro zerbricht, die andere nicht*
- *60% geben ihr Gold nicht mehr her, wodurch es dem Markt langfristig entzogen wird*
- *73% sind mit der Entscheidung Gold zu kaufen zufrieden*
- *Gold als Sicherheitsanker – mehr als 80% kaufen Gold wegen des Werterhalts und dem Schutz vor Inflation*
- *Kaufen statt erben - mehr als 50% des Goldbesitzes wurde selbst gekauft, nur etwa ein Viertel stammt aus Erbschaften*
- *Goldbarren sind am beliebtesten, Münzen an zweiter Stelle*
- *Banken als Goldlagerplatz Nummer 1*
- *Immerhin 30% der Deutschen lagern ihr Gold zuhause*
- *Deutsche haben in den letzten Jahren dreimal mehr Gold zu Anlagezwecken gekauft als die Italiener und 7-mal mehr als Franzosen"* [162]

---

[161] ebd.

3   Schluss

„In der Tat sind praktische ökonomische Probleme nur selten auf die eigentlichen Wirtschaftswissenschaften beschränkt, sondern werden in die großen Bereiche von Gesetz, Politik und Moral hineingetragen." [163]

Irving Fisher, Ökonom (1867-1947)

3.1 Zusammenfassung

Diese Untersuchung war der Fragestellung, ob physisches Gold als Anlageform zeitgemäß ist, gewidmet. Im Wesentlichen lassen sich folgende Ergebnisse herausstellen.

- Gold wird als König der Metalle bezeichnet und ist weltweit bekannt. Gold ist ein weiches, goldgelbes, sehr dehnbares Metall, mit hoher Dichte. Gold ist ein guter Wärme- und Elektrizitätsleiter.

- Gold hat eine Vielzahl von besonderen Eigenschaften, Gold ist beliebig teilbar, beliebig zusammenführbar, gleichartig, dauerhaft, optisch schön, transportierbar, ein Luxusgegenstand, nicht herstellbar, nicht beliebig vermehrbar, relativ selten, besitzt einen inneren Wert, pro Einheit hochwertig, weltweit bekannt, weltweit akzeptiert und anerkannt, problemlos beleihbar, hohe sakrale Bedeutung in nahezu allen Religionen, im Vergleich zu anderen Edelmetallen geringste Volatilität, hat sich außerordentlich bewährt für die praktische Kaufkraftsicherung, im Anlagebereich zumeist mehrwertsteuerfrei und gilt heute noch als Geld.

---

[162] Kleine, Jens/Krautbauer, Matthias/Hüfner, Martin: „Motive und Herkunft des Goldbesitzes der Privatpersonen in Deutschland". Finanzstudie. Steinbeis Research Center for Financial Services, STEINBEIS-HOCHSCHULE BERLIN, München 2011, http://www.steinbeis-research.de/pdf/Motive_und_Herkunft_des_Goldbesitz_der_Privatpersonen_in_Deutschland.pdf. S. 8

[163] Joachim Starbatty (Hg.): Klassiker des ökonomischen Denkens. Teil 1 und 2 in einer Gesamtausgabe ; [von Platon bis John Maynard Keynes], Hamburg: Nikol 2012, Band 2, S. 211

- Die weltweite Goldmenge beträgt 163.000 Tonnen. Gold ist in der Erdkruste und im Meerwasser vorhanden. Zurzeit werden ca. 2.700 Tonnen Gold jährlich gefördert. Gold hat eine sehr hohe „Stock-to-Flow" Rate.

- Gold erfüllt alle Kriterien von Geld. Gold war als hinterlegte Goldreserve viele Jahre fixer Bestandteil von Währungen.

- Durch den Zinseszins in unserem Geldsystem gibt es eine permanente Erhöhung der Geldmenge und der Schulden. Im Vergleich zu Gold fallen alle Währungen. Gold ist ein perfektes Werterhaltungsinstrument.

- Gold ist die perfekte Assetklasse in Phasen hoher Inflation und auch in Phasen der Deflation.

- Gold zahlt keine Zinsen, jedoch erhält es die Kaufkraft.

- Die jährliche Nachfrage nach Gold ist höher als das Angebot. Zukünftig wird diese Schere noch weiter in Richtung höherer Nachfrage gehen und der Goldpreis muss steigen.

- Gold kann 24 Stunden durchgehend weltweit gehandelt werden. Durch das sogenannte Goldfixing wird der Goldkurs zwei Mal am Tag für Banken, Minengesellschaften, Großinvestoren, Münzhändler, Schmuckhersteller, usw. festgelegt.

- Gold nimmt 0,8% des Weltfinanzvermögens ein. Historisch gesehen wird dieser Anteil steigen und durch diese zukünftige steigende Nachfrage den Goldpreis nach oben treiben.

- Auch wenn die Vermutung nahe liegt, dass der Goldpreis manipuliert wird, würden die Mittel der Zentralbanken nicht ausreichen um den Goldpreis auf Dauer niedrig zu halten.

- Viele Studien belegen, dass Gold eine wichtige Komponente in einem Anlageportfolio darstellt. Aufgrund der niedrigen Korrelation von Gold zu anderen Assetklassen, ist Gold im Sinne eines effizienten Risk Managements eine sinnvolle Portfolioversicherung. Gold stabilisiert durch seine geringe Korrelation und seine geringe Volatilität ein Anlageportfolio.

- Charttechnisch gesehen befindet sich Gold in einem intakten Aufwärtstrend. Nach der aktuellen Korrekturphase ist die Wahrscheinlichkeit hoch, dass neue Höchststände erreicht werden.

- Bei den Gewichtseinheiten von Gold unterscheidet man zwischen Unze, Feinunze und Karat.

- Der Preis von physischen Goldwerten als Münzen und Barren zur Kapitalanlage orientiert sich am täglichen Goldfixing. Die gängigsten Anlagemünzen in Gold sind der Krugerrand, der Wiener Philharmoniker, der Maple Leaf, der Nugget, die Britannia, der Panda, der American Eagle, der American Buffalo. Bei Goldbarren ist auf das Good Delivery Gütesiegel zu achten.

- Goldmünzen und Goldbarren sollten auf ihre Echtheit geprüft werden.

- Der Ankauf von Anlagegold (Münzen und Barren) ist in Österreich umsatzsteuerfrei.

- Studie über den Goldbesitz der Privatpersonen in Deutschland: Die häufig angeführte Sicherheitsorientierung der Deutschen spiegelt sich auch im Goldbesitz wider. So nehmen die physischen Goldanlagen der deutschen Bevölkerung einen relativ großen Anteil an den weltweiten physischen Goldinvestments ein. Der Anteil am weltweit vorhandenen Goldschmuck ist im Gegensatz dazu vergleichsweise gering. Goldbezogene Wertpapieranlagen der Privathaushalte haben bisher nur eine eher geringe Bedeutung. Der Goldbesitz ist allerdings relativ ungleich in der Bevölkerung verteilt. So steigt sowohl der Anteil der Goldbesitzer als auch die gehaltene Goldmenge bzw. das in Gold gebundene Vermögen mit steigendem Einkommen bzw. Vermögen signifikant an. Auch im europäischen Vergleich mit Frankreich und Italien verfügt die deutsche Bevölkerung über relativ viel Gold. So halten die deutschen Privathaushalte pro Kopf deutlich mehr Gold zu Anlagezwecken als die Bürger in Frankreich und Italien. Die allgemein tendenziell positive Einstellung der Privatpersonen lässt auf weiteres Potential für Goldinvestitionen schließen.

- Studie über Motive und Herkunft des Goldbesitzes der Privatpersonen in Deutschland: 70% der Deutschen haben Angst vor einer steigenden Inflation; Geteiltes Bild bei der Währungsstabilität – Rund die Hälfte kann sich vorstellen, dass der Euro zerbricht, die andere nicht; 60% geben ihr Gold nicht mehr her, wodurch es dem Markt langfristig entzogen wird; 73% sind mit der Entscheidung Gold zu kaufen zufrieden; Gold als Sicherheitsanker – mehr als 80% kaufen Gold wegen des Werterhalts und dem Schutz vor Inflation; Kaufen statt erben - mehr als 50% des Goldbesitzes wurde selbst gekauft, nur etwa ein Viertel stammt aus Erbschaften; Goldbarren sind am beliebtesten, Münzen an zweiter Stelle; Banken als Goldlagerplatz Nummer 1; Immerhin 30% der Deutschen lagern ihr Gold zuhause; Deutsche haben in den letzten Jahren dreimal mehr Gold zu Anlagezwecken gekauft als die Italiener und 7-mal mehr als Franzosen.

3.2 Bewertung

Die Fragestellung ob physisches Gold als Anlageform zeitgemäß ist, kann mit einem eindeutigen „Ja" beantwortet werden. Physisches Gold sollte in keinem Anlageportfolio fehlen.

3.3 Ausblick

Es bleibt noch eine Fragestellung offen, die noch zu klären wäre. „Mit welchem Prozentsatz sollte physisches Gold als Anlageform in einem Portfolio enthalten sein?" Eine weitere interessante Frage wäre. „Welche Rolle als physische Anlageform spielen andere Edelmetalle wie Silber?"

4   Literatur- und Quellenverzeichnis

Bandulet, Bruno: Das geheime Wissen der Goldanleger, Rottenburg: Kopp 2010.

Bartlett, Albert A./Fuller, Robert G.: The essential exponential! For the future of our planet, Lincoln, NE: University of Nebraska 2004.

Bocker, Hans J.: Freiheit durch Gold. Sklavenaufstand im Weltreich der Papiergeldkönige, Bern: Müller 2009.

boerse.ARD.de: Wie die Fed den Goldpreis manipuliert. Mark Ehren von boerse.ARD.de sprach mit dem Analysten und Buchautoren Dimitri Speck. boerse.ARD.de 2010, http://boerse.ard.de/performance-und-rendite/rohstoffe/wie-die-fed-den-goldpreis-manipuliert-100.html vom 31.10.2012.

Copeland, Wayne: Gold | Wirtschaftsfacts 2012, http://www.wirtschaftsfacts.de/edelmetalle/gold/ vom 30.10.2012.

Cordula Sauerland: Markt-Daten.de: Charts - Inflationsbereinigt 2012, http://www.markt-daten.de/charts/inflationsbereinigt/index.htm vom 03.11.2012.

Cordula Sauerland [Markt-Daten.de]: Markt-Daten.de: Themen - US Staatsverschuldung - Schuldenlimit 2012, http://www.markt-daten.de/research/themen/schuldenlimit.htm vom 03.11.2012.

Cordula Sauerland: Markt-Daten.de: Zentralbanken - Währungsreserven 2012, http://www.markt-daten.de/research/zentralbanken/reserven.htm vom 03.11.2012.

Degussa: Produkte 2012, http://www.degussa-goldhandel.de/de/produkte.aspx vom 01.11.2012.

Deutsches Anleger Fernsehen: Exklusiv: Gerüchte um Manipulation des Goldpreises. Interview mit dem Finanzexperten Dimitri Speck. Deutsches Anleger Fernsehen 2012, http://www.daf.fm/video/exklusiv-geruechte-um-manipulation-des-goldpreises-40118874.html vom 31.10.2012.

Eibl, Christoph: Gold. Der Goldhandel im neuen Jahrtausend, München: FinanzBuch-Verl. 2005.

Esterházy, Yvonne: Goldfixing: Wer täglich den Goldpreis festlegt - Finanzen - Wirtschaftswoche 2012, http://www.wiwo.de/finanzen/goldfixing-wer-taeglich-den-goldpreis-festlegt/5145422.html vom 31.10.2012.

Hoffmann, Frank: Basiswissen - Gold - GoldSeiten.de 2012, http://goldseiten.de/wissen/info-gold.php vom 27.10.2012.

Hoffmann, Frank: Der Goldstandard - GoldSeiten.de 2012, http://goldseiten.de/wissen/goldstandard/index.php vom 26.10.2012.

Hoffmann, Frank: Gewichtseinheiten - GoldSeiten.de 2012, http://www.goldseiten.de/muenzen/unze.php vom 27.10.2012.

Hoffmann, Frank: Goldsuche extrem: Südafrikaner wollen 5.000 Meter runter | Goldreporter 2012, http://www.goldreporter.de/goldsuche-extrem-sudafrikaner-wollen-auf-5-000-meter-runter/gold/6101/ vom 30.10.2012.

Hoffmann, Frank: Krügerrand - Gold - Anlagemünzen - klassische - GoldSeiten.de 2012, http://www.goldseiten.de/muenzen/gold.php#kruegerrand vom 01.11.2012.

Hoffmann, Frank: American Buffalo - Gold - Anlagemünzen - klassische - GoldSeiten.de 2012, http://www.goldseiten.de/muenzen/gold.php#buffalo vom 01.11.2012.

Hoffmann, Frank: American Eagle - Gold - Anlagemünzen - klassische - GoldSeiten.de 2012, http://www.goldseiten.de/muenzen/gold.php#eagle vom 01.11.2012.

Hoffmann, Frank: Begriffe - GoldSeiten.de 2012, http://www.goldseiten.de/muenzen/erklaerungen.php vom 01.11.2012.

Hoffmann, Frank: Britannia - Gold - Anlagemünzen - klassische - GoldSeiten.de 2012, http://www.goldseiten.de/muenzen/gold.php#britannia vom 01.11.2012.

Hoffmann, Frank: Maple Leaf - Gold - Anlagemünzen - klassische - GoldSeiten.de 2012, http://www.goldseiten.de/muenzen/gold.php#mapleleaf vom 01.11.2012.

Hoffmann, Frank: Nugget - Gold - Anlagemünzen - klassische - GoldSeiten.de 2012, http://www.goldseiten.de/muenzen/gold.php#nugget vom 01.11.2012.

Hoffmann, Frank: Panda - Gold - Anlagemünzen - klassische - GoldSeiten.de 2012, http://www.goldseiten.de/muenzen/gold.php#panda vom 01.11.2012.

Hoffmann, Frank: Wiener Philharmoniker - Gold - Anlagemünzen - klassische - GoldSeiten.de 2012, http://www.goldseiten.de/muenzen/gold.php#philharmoniker vom 01.11.2012.

Hoffmann, Frank: Der Goldstandard - Nach dem 2. WK - GoldSeiten.de 2012, http://www.goldseiten.de/wissen/goldstandard/geschichte/nachWK2.php vom 03.11.2012.

Hruschka, Felix: Grundsätzliche wirtschaftliche Überlegungen zu Kleinbergbau in Österreich.doc von Dipl.-Ing. Dr.mont. Felix Hruschka, tbb.hru - Technisches Büro für Bergwesen, Leoben 2012.

Huber, Peter: Leere Staatskassen? Gold aus Meerwasser! « DiePresse.com 2012, http://diepresse.com/home/wirtschaft/hobbyoekonom/1268393/Leere-Staatskassen-Gold-aus-Meerwasser vom 30.10.2012.

Joseph, Klaus: Goldvorkommen, Goldmineninfos.de 2011, http://www.goldmineninfos.de/vorkommen.html vom 30.10.2012.

JUSLINE: § 6 UStG (Umsatzsteuergesetz), Steuerbefreiungen - JUSLINE Österreich 2012, http://www.jusline.at/6_Steuerbefreiungen_UStG.html vom 02.11.2012.

Kleine, Jens/Krautbauer, Matthias: „Goldbesitz der Privatpersonen in Deutschland". Finanzstudie: Analyse des Goldbesitzes und des Anlageverhaltens von Privatpersonen in Deutschland. Steinbeis Research Center for Financial Services, STEINBEIS-HOCHSCHULE BERLIN, München 2010, http://www.steinbeis-research.de/pdf/20101102_Goldstudie_RFS-Steinbeis_Kurzfassung.pdf vom 28.10.2012.

Kleine, Jens/Krautbauer, Matthias/Hüfner, Martin: „Motive und Herkunft des Goldbesitzes der Privatpersonen in Deutschland". Finanzstudie. Steinbeis Research Center for Financial Services, STEINBEIS-HOCHSCHULE BERLIN, München 2011, http://www.steinbeis-research.de/pdf/Motive_und_Herkunft_des_Goldbesitz_der_Privatpersonen_in_Deutschland.pdf.

König, Ellen R.: Dow in Gold - Realterm.de - Wahre Werte 2010, http://www.realterm.de/DOWinGold.php vom 03.11.2012.

König, Ellen R: Öl in USD und Gold - Realterm - Wahre Werte 2010, http://www.realterm.de/oil_lin.php vom 03.11.2012.

König, Ellen R: Realterm.de - Wahre Werte 2010, http://www.realterm.de/ vom 04.11.2012.

Leuschel, Roland/Vogt, Claus: Das Greenspan-Dossier. 'Alan und seine Jünger: Die Bilanz einer Ära ; Wie die US-Notenbank das Weltwährungssystem gefährdet oder: Inflation um jeden Preis, München: FinanzBuch-Verl 2006.

Linß, Vera: Die wichtigsten Wirtschaftsdenker, Wiesbaden: Marix-Verl. 2007.

Lochmann, Dominik/Schüßler, Birgit: Echtheitsprüfung von Goldmünzen / Fälschungserkennung 2012, http://www.kruegerrand.de/echtheitspruefung/ vom 01.11.2012.

Miller, Markus: Der große Strategie- und Edelmetall-Guide. Das FORT KNOX für Privatanleger, München: FinanzBuch Verlag 2012.

mindat.org: Gold mineral information and data. 2012, http://www.mindat.org/show.php?id=1720&ld=1#themap vom 30.10.2012.

Mises, Ludwig von: Human action. A treatise on economics, Auburn, Alabama: Ludwig Von Mises Institute 1998.

Münze Österreich AG: Münzprägestätte der Republik Österreich - Glossar 2012, http://www.muenzeoesterreich.at/Statische_Seiten/Glossar vom 27.10.2012.

Münze Österreich AG: Der Wiener Philharmoniker – 1 Unze Feingold in Perfektion 2012, http://www.muenzeoesterreich.at/Produkte/1-Unze-Feingold-999.9 vom 01.11.2012.

Murphy, John J.: Technische Analyse der Finanzmärkte. Grundlagen, Strategien, Methoden, Anwendungen, München: FinanzBuch-Verl. 2004.

Neugebauer, Klaus: Der Goldmarkt – wie und wann wird Gold gehandelt ? - bullionaer.de. Dr. Klaus Neugebauer 2012, http://www.bullionaer.de/shop_content.php/coID/14/product/Der-Goldmarkt vom 31.10.2012.

Physikalisch-Technische Bundesanstalt (PTB): Das Kilogramm 2012, http://www.ptb.de/cms/themenrundgaenge/hueterindereinheiten/das-si/kilogramm.html vom 27.10.2012.

Piersig, Wolfgang: Die sieben Metalle der Antike: Gold, Silber, Kupfer, Zinn, Blei, Eisen, Quecksilber. Beiträge zur Technikgeschichte (5), München: GRIN Verlag 2010.

Piersig, Wolfgang: Historische Betrachtungen zum "König der Metalle" - dem Gold. Beitrag zur Technikgeschichte (14), Wissenschaftliche Studie, München: GRIN Verlag 2010.

Ramb, Bernd-Thomas: Der Zusammenbruch unserer Währung. Warum die Staatsverschuldung dazu führt und wie man sich darauf vorbereitet, Hamburg: WPR Wirtschafts- und Verbands-PR 2011.

Reymann, David: Edelmetallhandbuch. Ihre praktische Vermögensanlage in Goldbarren, Silbermünzen und Platinmetallen, München: FinanzBuch-Verl. 2011.

Samuelson, Paul A./Nordhaus, William D.: Volkswirtschaftslehre. Das internationale Standardwerk der Makro- und Mikroökonomie, München: mi 2010.

Schieferstein, Tim/Dümmler, Karsten: Zertifizierte Good Delivery Standard Barren: So erhalten Goldbarren / Silberbarren das LBMA Zertifikat 2012, http://www.goldsilbershop.de/good-delivery.html vom 01.11.2012.

SeasonalCharts.de: Seasonal Charts - Intraday - Metalle - Gold 2012, http://www.seasonalcharts.de/intraday_metalle_gold.html vom 31.10.2012.

Senf, Bernd: Der Tanz um den Gewinn. Von der Besinnungslosigkeit zur Besinnung der Ökonomie ein AufklArungsbuch, Lütjenburg: Verl. für Sozialökonomie 2004.

Senf, Bernd: Die blinden Flecken der Ökonomie. Wirtschaftstheorien in der Krise ; ein Aufklarungsbuch, Kiel: Verl. für Sozialökonomie 2007.

Senf, Bernd: Der Nebel um das Geld. Zinsproblematik, Währungssysteme, Wirtschaftskrisen ein Aufklärungsbuch, Kiel: Verl. für Sozialökonomie 2009.

Starbatty, Joachim (Hg.): Klassiker des ökonomischen Denkens. Teil 1 und 2 in einer Gesamtausgabe ; [von Platon bis John Maynard Keynes], Hamburg: Nikol 2012.

Stoeferle, Ronald-Peter: Spezial Report Gold - Glänzende Aussichten, 2008. Erste Group Research 2008, https://produkte.erstegroup.com/CorporateClients/de/ResearchCenter/Commod ities/index.phtml.

Stoeferle, Ronald-Peter: Spezial Report Gold, International Research - In Gold we trust, 2009 2009, https://produkte.erstegroup.com/CorporateClients/de/ResearchCenter/Commod ities/index.phtml.

Stoeferle, Ronald-Peter: Spezial Report Gold, International Equities Gold, 2010 2010, https://produkte.erstegroup.com/CorporateClients/de/ResearchCenter/Commod ities/index.phtml.

Stoeferle, Ronald-Peter: Spezial Report Gold - "In GOLD we TRUST", International Equity Gold, 2011 2011, https://produkte.erstegroup.com/CorporateClients/de/ResearchCenter/Commod ities/index.phtml.

Stoeferle, Ronald-Peter: Goldreport 2012 – In GOLD we TRUST 2012, https://produkte.erstegroup.com/CorporateClients/de/ResearchCenter/Commod ities/index.phtml.

The London Bullion Market Association - All rights reserved: LBMA | Gold List 2012, http://www.lbma.org.uk/pages/index.cfm?page_id=29&title=gold_list vom 01.11.2012.

Thielmann, M.: Über Goldfixing 2012, http://www.goldfixing.de/goldfixing.html vom 31.10.2012.

Trapp, Wolfgang: Kleines Handbuch der Maße, Zahlen, Gewichte und der Zeitrechnung, Köln: Komet 1998.

Voigt, Michael: Das große Buch der Markttechnik. Auf der Suche nach der Qualität im Trading, München: FinanzBuch-Verl. 2009.

Wiberg, Egon/Wiberg, Nils: Lehrbuch der anorganischen Chemie, Berlin: Walter de Gruyter 1995.

Wikipedia (Hg.): Gold/Tabellen und Grafiken 2012, http://de.wikipedia.org/w/index.php?oldid=108188181 vom 30.10.2012.

Wikipedia (Hg.): Gold 2012, http://de.wikipedia.org/w/index.php?oldid=109892735 vom 31.10.2012.

Wikipedia (Hg.): Gold - Vorkommen 2012, http://de.wikipedia.org/w/index.php?oldid=109892735 vom 30.10.2012.

Wikipedia (Hg.): Goldpreis 2012, http://de.wikipedia.org/w/index.php?oldid=109951283 vom 31.10.2012.

Wikipedia (Hg.): Kenneth Ewart Boulding 2012, http://de.wikipedia.org/wiki/Kenneth_E._Boulding vom 03.11.2012.

World Gold Council: Demand and supply statistics > Gold > World Gold Council. World Gold Council 2012, https://www.gold.org/investment/statistics/demand_and_supply_statistics/ vom 30.10.2012.

5 Abbildungsverzeichnis

6   Tabellenverzeichnis

7 Anhänge und Anlagen

Als Anhang einige Zitate über Geld und Gold von historischen Persönlichkeiten aller Welt.[164]

„Würden die Menschen verstehen, wie unser Geldsystem funktioniert, hätten wir eine Revolution – und zwar noch bevor der morgige Tag anbricht."

Henry Ford, amerikanischer Industrieller

„Der Prozess, mit dem die Banken Geld erschaffen, ist so simpel, dass der Verstand ihn zurück- weist."

John Kenneth Galbraith, Ökonom

„Am Ende aber erwachen die Massen. Sie begreifen plötzlich, dass Inflation vorsätzliche Politik ist und auch endlos so weitergehen wird. Es kommt zur "Katastrophenhausse". Jeder ist nur noch bemüht, sein Geld gegen "reale" Güter einzutauschen, ganz gleich, ob er sie braucht oder nicht, ganz gleich, wie viel Geld er für sie bezahlen muss. Innerhalb kürzester Zeit, innerhalb weniger Wochen oder gar Tagen wird Geld dann nicht mehr als Tauschmittel benutzt. Es wird zu einem Fetzen Papier. Niemand will mehr etwas gegen Geld abgeben."

Ludwig von Mises, Wirtschaftswissenschaftler in "Human Action", 1949

„Das moderne Bankensystem erzeugt Geld aus dem Nichts. Dieser Prozess ist vielleicht der erstaunlichste Taschenspielertrick, der jemals erfunden wurde. Das Bankwesen wurde in Schlech- tigkeit empfangen und in Sünde geboren. Die Bankiers besitzen die Erde. Nehmen Sie sie ihnen weg, aber lassen Sie ihnen die Macht zur Geldschöpfung, und mit einem Federstrich werden sie genug Geld schöpfen, um die Erde wieder zurückzukaufen. Wenn Sie ihnen hingegen die Macht zur Geldschöpfung nehmen, dann werden alle großen Vermögen, wie meines, verschwinden; und sie sollten verschwinden, denn dies wäre eine zum Leben glücklichere und bessere Welt. Aber wenn Sie weiterhin die Sklaven der Bankiers sein und die Kosten Ihrer eigenen Sklaverei bezahlen wollen, dann lassen Sie es zu, dass die Bankiers weiterhin Geld schöpfen und die Kreditvergabe kontrollieren."

Lord Josiah Stamp, Direktor der Bank of England (1928-1941)

„Falls das amerikanische Volk jemals die Kontrolle über die Herausgabe ihrer Währung auf Banken übertragen sollte, werden diese und die Firmen, die sich um sie bilden, unter dem Einsatz von Inflation und Deflation, dem Volk solange ihr Eigentum wegnehmen, bis die Kinder obdachlos auf

---

[164] Ellen R. König: Realterm.de - Wahre Werte 2010, http://www.realterm.de/ vom 04.11.2012

dem Kontinent, den ihre Väter einst in Besitz nahmen, aufwachen. Die Herausgabe von Geld soll von den Banken weggenommen werden, und zurück auf den Kongress und das Volk übertragen werden. Ich glaube aufrichtig, dass Banken, mit dem Recht Geld herauszugeben, gefährlicher für die individuellen Freiheitsrechte sind als eine stehende Armee."

Thomas Jefferson, 3. Präsident der USA (1801-1809)

„Wer auch immer die Geldmenge irgendeines Landes kontrolliert, ist der absolute Herr über die gesamte Industrie und den Handel."

James A. Garfield, 20. Präsident der USA (1881)

„Auf diese Weise ist unser nationales (Geld)Umlaufmittel in der Gewalt der Darlehenstätigkeit der Banken, die kein Geld verleihen, sondern das Versprechen, Geld zu liefern, das sie nicht besitzen."

Irving Fisher, US-amerikanischer Ökonom (1867-1947)

„Keine Wette war in den Jahrhunderten der Währungsgeschichte sicherer zu gewinnen als die, dass ein Goldstück, das der Inflationspolitik der Regierungen unzugänglich ist, seine Kaufkraft besser bewahren würde als eine Banknote."

Wilhelm Röpke, deutscher Ökonom (1899-1966)

„Geld ist eine neue Form der Sklaverei, die sich von der alten lediglich durch die Tatsache unterscheidet, dass sie unpersönlich ist, dass es keine Zwischenmenschlichkeit zwischen Herr und Sklave gibt."

Lew Nikolajewitsch Tolstoi, russischer Schriftsteller

„Es gibt heute keine Behörde, die für die Zahlungsversprechen Alexanders, Julis Cäsars, Ludiwg XIV., Peter des Großen, Napoleons oder Hitlers aufkommt. Sie waren zu ihrer Zeit mächtige Männer, aber keine Bank der Welt wird heute ihre Schecks einlösen. Wenn man jedoch einen Goldbarren nimmt, der einst in ihren Schatztruhen lag, erhält man den Gegenwert dafür überall in der Welt. Die Dauerhaftigkeit und Universalität des Goldes verleiht ihm eine geldgleiche Autorität, die kein anderes Geld besitzt."

William Rees-Mogg, englischer Journalist

„Sie müssen sich entscheiden, worauf Sie vertrauen wollen. Auf die natürliche Stabilität des Goldes oder auf die Ehrlichkeit und Intelligenz der Regierung. Bei allem schuldigen Respekt für diese Damen und Herren rate ich Ihnen, solange das kapitalistische System existiert, für Gold zu votieren."

George Bernhard Shaw, irischer Schriftsteller

„Wir gehen ganz selbstverständlich davon aus, dass die Stelle, auf der wir stehen, fest ist und dass sich alle anderen Dinge um uns herum bewegen. Ein Mensch in einem Boot sieht, wie sich die Küste vor seinen Augen entfernt, und die Doktrin der ersten Philosophen war es, dass sich die Sonne um die Erde bewegte und nicht die Erde um die Sonne. Es ergeben sich in der Folge ähnliche Vorurteile: Wir gehen davon aus, dass die Währung, die sich in unser aller Händen befindet und mit der wir selbst in Verbindung gebracht werden, fest ist, der Preis des Metalls sich jedoch ändert; in Wirklichkeit ist es aber die Währung jeder Nation, die sich verändert und es ist das Metall, das eher festen Charakter hat."

Henry Thornton (1760-1815), britischer Ökonom und Philanthrop
in "An Enquiry into the Nature and Effects of the Paper Credit of Great Britain", 1802

„Die größte Unzulänglichkeit der menschlichen Rasse ist unsere Unfähigkeit, die Exponentialfunktion zu erfassen."

Albert Bartlett, Physiker

„Jemand, der glaubt, dass in einer endlichen Welt exponentielles Wachstum endlos weitergeht, ist entweder ein Verrückter oder ein Ökonom."

Kenneth E. Boulding, Ökonom

„Ich weiß nicht, ob der Wechsel mit einem Knall oder einem Wimmern kommt, ob früher oder später. Aber wie die Dinge stehen, ist es sehr viel wahrscheinlicher, dass es eine Finanzkrise sein wird, die den Wechsel erzwingen wird, viel wahrscheinlicher als politische Weitsicht."

Paul A. Volcker, Vorsitzender der amerikanischen Zentralbank von 1979 bis 1987
in der Veröffentlichung "An Economy On Thin Ice", 2005

„Wenn der Staat Pleite macht, geht natürlich nicht der Staat Pleite sondern seine Bürger."

Carl Fürstenberg, deutscher Bankier (1850-1933)

„Wenn früher böse Buben Frösche mit einem Strohhalm aufgeblasen und zum Platzen gebracht haben, nannte man das Tierquälerei. Wenn heute Zentralbanken und Regierungen dasselbe mit ganzen Volkswirtschaften machen, nennt man das moderne Geld- und Konjunkturpolitik."

Roland Baader, deutscher Publizist (1940-2012)

„Die letzte Pflicht eines Zentralbänkers ist der Öffentlichkeit die Wahrheit zu sagen."

Alan Blinder, US-amerikanischer Ökonom und
ehemaliger Vizepräsident der amerikanischen Zentralbank.

„Das Problem mit Papiergeld ist, dass es die Minderheit, die mit Geld umgehen kann, belohnt und die Generation, die gearbeitet und gespart hat, zum Narren hält."

Adam Smith, schottischer Moralphilosoph

„Wenn Du nicht weißt, wer der Dumme ist, dann bist Du es!"

Sprichwort, rezitiert von
Warren Buffet, amerikanischer Investor und Multimilliardär

„Papiergeld kehrt früher oder später zu seinem inneren Wert zurück – Null."

Voltaire, französischer Schriftsteller und Philosoph

8   Über den Autor

Der Finanzexperte "Michael Karl Gasser, MBA MPA" ist akademischer Finanz-
und Vermögensberater und hat zwei Master Titel in Business Administration und
Public Administration.

Beruflich ist Gasser Gesellschafter bei Fenja FUNDS, einer österreichischen
Fondsgesellschaft, die sich mit der Entwicklung und Lancierung von Managed-
Futures-Fonds und automatisierten Trading- und Handelssystemen beschäftigt.
Nebenbei arbeitet der Finanzcoach und Investment Manager als Vortragender und
Consultant.

Am Wirtschaftsförderungsinstitut Kärnten leitet Gasser als Ausbildungsleiter die
"Ausbildung zum gewerblichen Vermögensberater", die "Ausbildung zum privaten
Trader" und die "Ausbildung zum gewerblichen Wertpapiervermittler". Weitere
Vortragsschwerpunkte sind im Bereich sonstiger Sachanlagen wie Gold und Silber
und im Bereich Finanzmathematik, Rechentraining für Bank- und Vermögensbera-
ter.